ACCESO GRATIS *a la Lectura en la Nube*

Para visualizar el libro electrónico en la nube de lectura envíe junto a su nombre y apellidos una fotografía del código de barras situado en la contraportada del libro y otra del ticket de compra a la dirección:

ebooktirant@tirant.com

En un máximo de 72 horas laborales le enviaremos el código de acceso con sus instrucciones.

PERSPECTIVAS DEL DERECHO AGRARIO

PERSPECTIVAS DEL DERECHO AGRARIO

MARÍA CELIA FLORES SANTIAGO
CUITLÁHUAC LÓPEZ FLORES
VÍCTOR OLÉA PELÁEZ
ANA MARÍA KUDISCH CASTELLÓ
ELSA BIBIANA PERALTA HERNÁNDEZ
Coordinadores

Comisión de Derecho Agrario

ANA MARÍA KUDISCH CASTELLÓ
Presidenta BMA

JORGE JESÚS SEPÚLVEDA GARCÍA
Primer Vicepresidente BMA

tirant lo blanch
Ciudad de México, 2025

© EDITA: TIRANT LO BLANCH
DISTRIBUYE: TIRANT LO BLANCH MÉXICO
Av. Tamaulipas 150, Oficina 502
Hipódromo, Cuauhtémoc, 06100, Ciudad de México
Telf: +52 1 55 65502317
infomex@tirant.com
www.tirant.com/mex/
www.tirant.es
ISBN: 978-84-1071-077-1

Si tiene alguna queja o sugerencia, envíenos un mail a: *atencioncliente@tirant.com*. En caso de no ser atendida su sugerencia, por favor, lea en *www.tirant.net/index.php/empresa/politicas-de-empresa* nuestro Procedimiento de quejas.

Responsabilidad Social Corporativa: http://www.tirant.net/Docs/RSCTirant.pdf

Índice

Inconsistencias legales en el registro agrario nacional

MARÍA DE LOURDES PALOMARES OROZCO

El tema para tratar es escabroso en algunos estados de nuestro país, pues no en todo está funcionando con la pronta y expedita impartición de justicia, siendo que, al detenerse las ejecuciones de sentencia por años, o tramites que dan apertura a tener conocimiento del estatus de un derecho agrario en los asientos registrales, en la mayoría de los estados de la República, se violentan los derechos humanos de legalidad, de seguridad jurídica, de propiedad, de posesión y de dignidad. Es por ello que hay que reflexionar sobre la justicia en el actual sector agrario, pues sería trivial entender que ésta se satisface con la existencia de las Procuradurías y Tribunales, y aún menos refiriéndonos al Registro Agrario Nacional, el cual para cumplir cabalmente con sus funciones deja actualmente mucho que desear, no bastan dichas instituciones, de ninguna manera, pues además de que en este sexenio durante la definición del presupuesto 2020, "el sector rural sufrió el maltrato de la mayoría de los legisladores de la Cámara de Diputados, reduciendo en alrededor de 17 mil millones de pesos su presupuesto para el programa Especial Concurrente y Desarrollo Rural Sustentable, en el cual tanto los Tribunales Agrarios, Procuraduría Agraria y el Registro Agrario Nacional no tienen presupuesto visible mientras que los aspectos de solución de conflictos agrarios son, en la práctica, inexistentes. Lo anterior es grave, en un sector que requiere la rectoría del Estado para su desarrollo integral, social y productivo; y además la realidad que se vive en el sector agrario, se está ignorando el otorgamiento de titularidad de superficies a los justiciables, que es ordenado mediante sentencias dictadas en el estado de Querétaro por el Tribunal Unitario Agrario, teniendo un rezago a la fecha el Registro Agrario Nacional Delegación Querétaro, de aproximadamente 400 sentencias sin ejecutar; aun y cuando se cumplan con los requerimientos de dicho órgano registral, pues éste justifica sin fundar y motivar sus negativas a los mandamientos judiciales del Tribunal Unitario Agrario, de manera constante.

Consecuentemente es de considerarse de manera categórica la importancia del sector agrario, en nuestro país; retomamos un pensamiento compartido por el Dr. Sergio García Ramírez, "*... el campo merece una atención resuelta, para que haya orden y riqueza. Y también justicia, que no es un tema secundario, aunque a veces lo parezca.*

La importancia de la tierra depende de la animación de México, para la paz social y el sosiego del campo"; ello es sustantivo considerando que son más de 30 mil ejidos, casi 2 mil 400 comunidades agrarias; 120 mil poblados rurales; 2.6 millones de solares, 5.3 millones de parcelas ejidales y dos millones de comuneros. Casi 30 millones de hombres y mujeres forman parte del México rural que demandan políticas públicas para su desarrollo en un país que, por décadas, ha dado promesas de futuro y no soluciones a la pobreza y el atraso y rezago del presente;

Ese 76% de la superficie del territorio Nacional se compone del sector agrario de ejidos y comunidades, que no puede soslayarse su atención en todos los rubros, pues fomenta conflictos, controversias donde la mayoría de ocasiones no las hay, pero que se presentan al haber desasosiego en la certeza jurídica, pues hay una falta de impartición de justicia al ser retardada y maltratada en ejecución de sentencias y en atención a los interesados, por el Registro Agrario Nacional como es en la Delegación en el Estado de Querétaro, que sirve desafortunadamente de ejemplo con un mayor número de inconsistencias legales a nivel nacional, donde aún no hay Delegado del Registro Agrario Nacional sino un encargado de despacho desde el año 2020, que lejos de cumplir con las funciones que le son implícitas por ley, muchas de ellas ordenadas por el Tribunal Unitario Agrario en Querétaro, se niega a cumplir en base a negativas improvisadas induciendo a su personal y a la Dirección de Catastro y Asistencia Técnica del Registro Agrario Nacional Central, así como muchas ocurrencias para omitir o retardar trámites administrativos y cumplimiento en la ejecución de sentencias, pues se dice intocable por los lazos de parentesco que tiene con el Encargado en Jefe del Registro Agrario Nacional Central.

EJEMPLOS
EJECUCIONES DE SENTENCIA

Para mayor conocimiento de los aspectos en que se encuentra la función del órgano registral agrario hablaremos primeramente de las sentencias en las que se ordena la expedición de títulos de propiedad y cancelación de certificado parcelario, habiéndose cumplido con todos los requerimientos y calificación de la cartografía (planos de grandes áreas, planos individuales y disco de medios magnéticos con los 14 archivos) de manera POSITIVA, con carácter de Preliminar; claro ejemplo de ello son los oficios emitidos por la Dirección de Catastro y Asistencia Técnica del Registro Agrario Nacional. (Oficios No. DGAL/13967/2023, DGAJ/13870/2023), en donde se evidencia que la resolución de fecha 18 de junio de 2019, dictada dentro del expediente 830/2018, del índice del Tribunal Unitario Agrario, Distrito 42, con sede en la ciudad de Querétaro, se persiste por el encargado de despacho de la Delegación del RAN en Querétaro, sea cumplida, aun y cuando se le ordene mediante ese mandamiento judicial.

De manera oficiosa manifiesta el Director General de Asuntos Jurídicos del Registro Agrario Nacional, instruyendo al encargado de despacho del RAN, en Querétaro, en atención a los justiciables e interesados que presentaron la cartografía, lo siguiente:

> ***"Oficio No. DGAJ/13870/2023 …***
> ***MUNICIPIO: EL MARQUÉS***
> ***ESTADO: QUERËTARO***
> ***Expediente: 830/2018***
> ***…ASUNTO: Se remite documentación***
> ***Ciudad de México, a 06 de octubre de 2023***
> ***…***
> ***Ing…***
> ***Encargado de la Delegación del Registro Agrario Nacional en el Estado de Querétaro…"***
>
> ***"…***
> ***Al respecto, remito a esa Delegación el diverso DGCAT/100/3689/2023, de fecha 03 de octubre de 2023, suscrito por el Director general de Catastro y Asistencia Técnica, a través del cual informo y remitió a esta área jurídica lo siguiente:***
> ***"En seguimiento al similar DGCAT/100/3031/2023, de fecha 18 de agosto de 2023 y en relación al oficio número DGAJ/12826/2023, de***

fecha 18 de septiembre de 2023, enviado por esa Dirección General a su cargo, mediante el cual se requiere opinión técnica, respecto al Cuarto Cambio de Destino de Tierras de Área Parcelada al Asentamiento humano por Sentencia del Tribunal Unitario Agrario dictada en el expediente TUA-830/2018 del ejido "Chichimequillas", municipio de El Marqués, estado de Querétaro.

Anexo envío a usted la opinión y observaciones técnicas realizadas por segunda ocasión por esa Dirección General al expediente del ejido antes mencionado, así como la documentación que la sustenta.

La opinión se emite por el responsable de la revisión en sentido POSITIVO con carácter de preliminar, ya que los trabajos, cumplen en el aspecto catastral con los requerimientos de las Normas Técnicas emitidas por el Registro Agrario Nacional, observando que el ingreso del expediente deberá realizarse en la Representación Estatal, ya que es la facultada para llevar a cabo la inscripción de la sentencia, así como la expedición de los documentos resultantes.

...

"En razón de lo anterior, y con fundamento en el artículo 18, fracción I y III del Reglamento Interior del Registro Agrario Nacional, solicito a usted de cabal cumplimiento con la sentencia de mérito e informe a esta área jurídica respecto del mismo cumplimiento; o bien, informe el impedimento legal o material que tenga para su atención, con carácter de urgente.

...

"A T E N T A M E N T E
Lic.......
Director General de Asuntos Jurídicos del Registro Agrario Nacional"

De lo antes expuesto, se hace hincapié en que la sentencia de fecha 18 de junio de 2019, dictada en la causa agraria en cita, se inscribió por el Registro Agrario Nacional en Querétaro en fecha 13 de agosto de 2019 (en el oficio antes citado se dice que se inscriba la sentencia), inscripción que se acredita con la constancia expedida por el mismo Registro Agrario Nacional en Querétaro; por acuerdo de fecha 15 de abril de 2021, causo estado dicha sentencia el 15 de abril de 2021, se presentaron todos y cada uno de los documentos de los posesionarios y titulares de los solares, y cartografía (planos de grandes áreas, planos individuales y disco de medios magnéticos), mediante escrito de fecha 18 de septiembre de 2019, y recibido por el Registro Agrario Nacional, Delegación Querétaro, el mismo día 18 de septiembre de 2019. No obstante, lo anterior, se siguió requiriendo por el Tribunal Unitario Agrario el cumplimiento de dicha sentencia, al actual encargado de despacho del RAN en Querétaro, sin embargo, dicho funcionario siguió solicitando al órgano jurisdiccional agrario, en diversas ocasiones dicha sentencia para inscribirla, pasando por alto que ya estaba inscrita desde el día 13 de agosto de 2019, pese a ello ya se habían impactado en sistema nueve títulos de propiedad de la citada sentencia. El ahora encargado de despacho del RAN de Querétaro, calificó de Negativa la cartografía derivada de la sentencia aludida en 2 ocasiones, sin fundar y motivar; Posterior a ello, se calificó de POSITIVA dicha cartografía con carácter preliminar, por el Director de Catastro y Asistencia Técnica del Registro Agrario Nacional Central actual en fecha 3 de octubre de 2023, según oficio del Director de Asuntos Jurídicos del Registro Agrario Nacional actual, oficio que detalla en su parte sustantiva, lo siguiente:

> "...
> ***La opinión se emite por el responsable de la revisión en sentido POSITIVO con carácter de preliminar, ya que los trabajos, cumplen en el aspecto catastral con los requerimientos de las Normas Técnicas emitidas por el Registro Agrario Nacional, observando que el ingreso del expediente deberá realizarse en la Representación Estatal, ya que es la facultada para llevar a cabo la inscripción de la sentencia, así como la expedición de los documentos resultantes.***
> ..."

En contradicción a lo antes expuesto, la inscripción ya fue realizada en 2019, los documentos de todos y cada uno de los posesionarios y titulares de los solares que aparecen en la sentencia de mérito han sido cumplimentados, presentados como se acredita con el acuse de recibo del RAN Querétaro, de fecha 18 de septiembre de 2019, así como presentada nuevamente la cartografía calificada positivamente con carácter preliminar por el Director de Catastro y Asistencia Técnica del Registro Agrario Nacional Central, según acuse de recibo de fecha 10 de octubre de 2023, ante la representación estatal del RAN.

De lo anterior, el Tribunal Unitario Agrario, Distrito 42, con sede en la ciudad de Querétaro, Querétaro, requirió al RAN Delegación Querétaro, el cumplimiento de la sentencia de fecha 18 de junio de 2019, dictada dentro del juicio agrario 830/2018, del índice del TUA-DTO 42, toda vez que ya exhibida la cartografía calificada positivamente con carácter preliminar, no había ningún impedimento legal ni material para dar cumplimiento a su mandamiento judicial; Sin embargo el encargado de Despacho de la Delegación del Registro Agrario Nacional informó al TUA-DTO-42, **la imposibilidad legal y material para dar cumplimiento a la sentencia de mérito**, en razón de que la cartografía en específico los planos de grandes áreas, debían no solo estar firmados por el topógrafo que elaboro la cartografía y por el encargado de despacho del RAN Querétaro, sino además por las autoridades ejidales, siendo que dicha cartografía digital ya había sido revisada con antelación y dictaminada en sentido POSITIVO con carácter preliminar, por parte de la Dirección General de Catastro y Asistencia Técnica, además dicho requerimiento por parte del órgano registral agrario, enfatiza que la base de datos que integra el sistema de catastro rural nacional y estatal, necesita las firmas de las autoridades ejidales para actualizar el mosaico catastral que es digital; ello porque según el encargado de despacho de la Delegación del órgano registral agrario en Querétaro, y la Dirección General de Catastro y Asistencia Técnica del RAN Central CDMX, la modificación de la cartografía de los planos de grandes áreas debe estar previamente con las firmas y autorizaciones por parte de las autoridades ejidales ***según ellos con fundamento en el artículo 17, fracción IV, del Reglamento Interno del Registro Agrario Nacional y el artículo 66, del Reglamento de la Ley Agraria en materia de Certificación de Derechos Ejidales y Titulación de Solares,*** lo cual es una verdadera aberración, que se le hizo saber al TUA-DTO-42, con sede en la Ciudad de Querétaro, concediéndole el órgano jurisdiccional agrario 5 días de plazo para informar su desatino en la normatividad que funda su imposibilidad material y legal de cumplir con la expedición de los títulos de propiedad que ordena la sentencia de mérito; por las razones expuestas, se le argumento por los justiciables mediante escrito de fecha 2 de febrero de 2024, al Tribunal Unitario Agrario, Dto-42, con sede en Querétaro, lo siguiente:

> ***"...***
>
> ***En atención al acuerdo de quince de enero de dos mil veinticuatro, emitido por ese h. tribunal, mediante el cual se da vista a las partes para que en el término de cinco días contados a partir de su notificación, se dé cumplimiento al oficio DGCAT/100/4603/2023, signado por el Director General de Catastro y Asistencia Técnica del Registro Agrario Nacional mediante el cual informó la imposibilidad para llevar a cabo la modificación catastral debido a que previamente debe contar con los planos***

corregidos con las firmas y protocolos de autorización supuestamente por parte de las autoridades ejidales.

A efecto de dar cumplimiento al acuerdo con los planos firmados por las autoridades ejidales, derivado de las gestiones necesarias para su obtención, hago saber a esa autoridad que las autoridades ejidales del poblado de Chichimequillas comentan que no pueden firmar si no es una cartografía que devenga de una asamblea de formalidades especiales, toda vez que la cartografía que se pretende sea firmada por los integrantes del comisariado ejidal y del consejo de vigilancia, es una cartografía que deviene de un procedimiento agrario culminado con una sentencia; y que ese tipo de cartografías que devienen de sentencia, ellos no las firman, a menos que el mismo Tribunal Unitario Agrario, distrito 42, lo hubiera ordenado en sentencia, y siendo que no fue controvertido en dicho procedimiento derechos colectivos agrarios (no es menester requiera sean firmados por las autoridades ejidales), ***toda vez, que este fue un derecho parcelario individual que se corrigió y se aceptó corregir en procedimiento mediante allanamiento, pues sería cometer un acto irregular contrario a la normatividad agraria y protocolos del RAN, que no están dispuestos a firmar, hasta que se les ordene firmar con orden judicial y por medio de una actuario.***

Cabe mencionar que no obstante lo anterior, los que suscriben (las autoridades registrales), ***siguen sin consentir ese requerimiento señalado en oficio DGCAT/100/4603/2023, signado por el Director General de Catastro y Asistencia Técnica del Registro Agrario Nacional, toda vez que no hay razones jurídicas, ni administrativas para que el encargado de la Delegación del Registro Agrario Nacional en el estado de Querétaro, solicite las firmas de las autoridades ejidales, lo cual reitera una actitud contumaz para dar cumplimiento a la sentencia dictada en el juicio agrario 830/2018 del índice del tribunal unitario agrario del Distrito 42), ello, en virtud de que tal solicitud se encuentra infundada y sin motivación alguna, considerándose también los siguientes antecedentes:***

En los expedientes: 41/2014; 1538/2014; y 486/2016 entre otros como en el caso que nos ocupa; derivados estos de sentencia del índice de ese tribunal, como en el caso que nos ocupa, en los cuales la cartografía como en todos los que devienen de sentencia del Tribunal Unitario Agrario, Distrito 42, solo están firmados los planos de grandes áreas por el topógrafo que elaboró la cartografía y por el delegado o encargado de despacho del Registro Agrario Nacional en Querétaro, por lo que solicitamos sea requerido por ese tribunal a su digno cargo al Registro Agrario Nacional en Querétaro, para que envíe copia certificada de los planos de grandes áreas de estos tres expedientes antes citados para que verifique que en la cinta marginal no está firmado por las autoridades ejidales, siendo que no devienen de asambleas de formalidades especiales, sino de una sentencia firmada por un órgano jurisdiccional.

Además, la actualización del mosaico catastral por sentido común y protocolos del RAN, debe realizarse digitalmente con la cartografía que ya fue entregada y calificada positivamente, por el Director General de Catastro y Asistencia Técnica del Registro Agrario Nacional, mismo que ahora improvisa sea firmada en la cita marginal de dicha cartografía por las autoridades ejidales.

De lo antes manifestado, se hace hincapié para que ese tribunal a su digno cargo considere por principio de legalidad e imparcialidad que el artículo 66 en el que trata de fundar su arbitrariedad el Registro Agrario Nacional, —es del reglamento de la Ley Agraria en Materia de Certificación de Derechos Ejidales y Titulación de Solares, y como bien lo señala el titulo quinto—, asimismo las actas levantadas en asambleas de formalidades especiales del cual habla el artículo 8 de ese mismo reglamento, son inscritas directamente en el RAN***, de igual manera:***

Artículo 1°.- Este reglamento tiene por objeto establecer los procedimientos y lineamientos aplicables en la regularización de la tenencia de la tierra ejidal y en la certificación de derechos ejidales y titulación de solares, que se realice de conformidad con lo establecido en el Capítulo II, del Título Tercero y demás disposiciones relativas de la Ley Agraria.

Artículo 2°.- Para los efectos de este reglamento se entenderá por: I. Ley: La Ley Agraria; II. Asamblea: La Asamblea Ejidal; III. Comisariado: El Comisariado Ejidal; IV. Secretaría: La Secretaría de la Reforma Agraria; V. Procuraduría: La Procuraduría Agraria, y VI. Registro: El Registro Agrario Nacional.

En estos artículos no hablan de procedimientos en los Tribunales Agrarios, ni de sentencias; Son solo lo relativo a asamblea de formalidades especiales, en los cuales no hay intervención de Tribunales Unitarios Agrarios.

Dicho reglamento fue creado para regularizar la tenencia de la Tierra con el PROCEDE y ahora regularización con los gobiernos municipales y de los estados (Nada tiene que ver con las sentencias emitidas por los tribunales agrarios, en los que si tienen que firmar las autoridades agrarias).

Lo anterior, derivado de las siguientes consideraciones: el ejido se allanó en el juicio agrario; nada tiene que ver los con ***los planos que el ejido avala son los derivados de la asignación de tierras que cumplan con las formalidades de ley, con fundamento en el artículo 56 de la Ley Agraria, en correlación con los artículos 17, fracción IV, y 49 fracción III, del Reglamento Interior del Registro Agrario Nacional; SITUACIÓN QUE NO ACONTECE EN EL PRESENTE ASUNTO, porque la regularización de la superficie que nos ocupa no deviene de un acto de asamblea de formalidades especiales, sino de una sentencia del Tribunal Unitario Agrario del Distrito 53, y ahora responsable el Distrito 42; asimismo, LOS PLANOS FUERON PRESENTADOS DENTRO DE LAS PRUEBAS EN EL JUICIO AGRARIO; Y FINALMENTE LOS PLANOS EXHIBIDOS YA FUERON REVISADOS POR EL ÁREA TÉCNICA CORRESPONDIENTE Y***

VALIDADOS CON LA CALIFICACIÓN POSITIVA POR LA DIRECCIÓN GENERAL DE CATASTRO Y ASISTENCIA TÉCNICA EN LAS OFICINAS CENTRALES DE LA CIUDAD DE MÉXICO, POR LO CUAL SI SE REQUIERE UNA MODIFICACIÓN AL MOSAICO CATASTRAL, LA CUAL SE DEBERÁ REALIZAR CON MEDIOS DIGITALES Y NO CON IMPRESOS, MISMOS QUE YA FUERON APORTADOS.

Por lo anteriormente expuesto, a ese H. Tribunal le solicito

Primero.- Tenernos por presentado éste escrito con la personalidad que ostentamos.

Segundo.- Se me tenga contestando en tiempo y forma y se regularice procedimiento, siendo que lo requerido por ese órgano jurisdiccional no se ajusta a la normatividad y protocolos del Registro Agrario Nacional, tal y como se comprueba con los expedientes 41/2014; 1538/2014; y 486/2016, resueltos mediante sentencia y ejecutados por el RAN con la cartografía y como fue presentada ante la Dirección General de Catastro y Asistencia Técnica del Registro Agrario Nacional en el caso que nos ocupa.

…"

La igualdad e imparcialidad es el tema que no acontece en este asunto, ADEMAS SE EVIDENCIA CON CLARIDAD DISCRIMINACIÓN TOTAL, PUES LA NEGATIVA ROTUNDA DEL ENTE REGISTAL AGRARIO EN QUERÉTARO, actualiza una ilegalidad con las ocurrencias que cita como fundamento para omitir y desacatar el mandamiento judicial del órgano jurisdiccional en cita.

Atendiendo al acuerdo de catorce de febrero de dos mil veinticuatro, emitido por el Tribunal Unitario Agrario, Distrito 42, mediante el cual le concede el término de cinco días, para que justifique el Director General de Catastro y Asistencia Técnica del Registro Agrario Nacional, por qué señalo tal fundamento legal en el oficio DGCAT/100/4603/2023, de que deberá ser corregida la cartografía respecto de los planos de grandes áreas, cartografía ***que ya había calificado de manera positiva*** *preliminar pues solo faltaba impactar la misma en su mosaico catastral, pero en contravención a su misma calificación informó de nueva cuenta al Tribunal Unitario Agrario en cita, la imposibilidad para llevar a cabo la modificación catastral debido a que previamente debe contar con los planos corregidos (corregidos?, si ya habían sido calificados) con las firmas y protocolos de autorización supuestamente por parte de las autoridades ejidales, basando dicho requerimiento en una normatividad que nada tiene que ver con una cartografía que deviene de una sentencia de un órgano jurisdiccional agrario, en el que se dirimió un derecho parcelario* *que es individual y no colectivo, por lo cual, el Tribunal Unitario Agrario, fue tolerante y le concede nuevamente un plazo.*

Por lo anterior, reiteramos que LA ACTUALIZACIÓN DEL MOSAICO CATASTRAL ES UN DEBER Y RESPONSABILIDAD del REGISTRO AGRARIO NACIONAL NO DE LOS JUSTICIABLES, y por sentido común y protocolos del RAN, debe realizarse DIGITALMENTE con la cartografía QUE YA FUE ENTREGADA Y CALIFICADA POSITIVAMENTE; y para hacerlo no necesita firmas improvisadas, pues es digital la actualización e impacto de los títulos de propiedad que niega absurdamente a dar cumplimiento a la sentencia de mérito, como en muchas otras, pues la cartografía es derivada de un derecho individual, no colectivo.

Para mayor abundamiento, se citan artículos de la Ley Agraria, así como tesis aislada, normatividad transgredida por el RAN, de la Delegación Querétaro:

> "...
>
> ***Artículo 77. En ningún caso la asamblea, ni el comisariado ejidal podrán usar, disponer o determinar la explotación colectiva de las tierras parceladas del ejido sin el previo consentimiento por escrito de sus titulares.***
>
> ..."
>
> "...
>
> ***"Artículo 79. El ejidatario puede aprovechar su parcela directamente o conceder a otros ejidatarios o terceros su uso o usufructo, mediante aparcería, mediería, asociación, arrendamiento o cualquier otro acto jurídico no prohibido por la ley, sin necesidad de autorización de la asamblea o de cualquier autoridad.***
>
> ..."
>
> **Correlaciones**
> **Ley Agraria: art. 27 frac. VII, párr. 4°**
> **Arts. 11, 14, 22, 32, 33, 44, frac. III, 152, y 163**
> **Ley Orgánica de los Tribunales Agrarios: art. 18, frac. VI**
> **Reglamento Interno del Registro Agrario Nacional: art. 2, frac. I.**
>
> Novena Época
> Registro: **190247**
> Segunda Sala
> Semanario Judicial de la Federación y su Gaceta
> Tomo XIII, febrero de 2001
> Materia(s): Administrativa
> Tesis: 2a. VII/2001 Página: 298

Tesis Aislada.

TIERRAS EJIDALES, SU CONCEPTO Y CLASIFICACIÓN. Conforme al contenido los artículos 44, 63, 73 y 76 de la Ley Agraria, así como del artículo 41 de su Reglamento en Materia de Certificación de Derechos Ejidales y Titulación de Solares, para efectos del derecho agrario, las tierras ejidales, por su destino pueden ser: 1) Para el asentamiento humano, 2) De uso común y, 3) Parceladas. Las primeras, son aquellas que integran el área necesaria para el desarrollo de la vida comunitaria del ejido, como son los terrenos de la zona de urbanización y fundo legal del ejido, así como la parcela escolar, la unidad agrícola industrial de la mujer, la unidad de productividad para el desarrollo integral de la juventud y demás áreas reservadas al asentamiento humano. Las aludidas en segundo lugar son las que constituyen el sustento económico de la vida en comunidad del ejido y pueden ser de tres clases, a saber: a) Las tierras que no han sido especialmente reservadas por la asamblea para el asentamiento humano, b) Las que no han sido parceladas por la misma asamblea y, c) Las así clasificadas expresamente por la asamblea. Por último, las tierras parceladas son aquellas que han sido delimitadas por la asamblea con el objeto de constituir una porción terrenal de aprovechamiento individual, y respecto de las cuales los ejidatarios en términos de ley ejercen directamente sus derechos agrarios de aprovechamiento, uso y usufructo.

2a. VII/2001
Contradicción de tesis 60/2000-SS. Entre las sustentadas por el anterior Segundo Tribunal Colegiado del Segundo Circuito, hoy Primer Tribunal Colegiado en Materia Civil del Segundo Circuito y el Segundo Tribunal Colegiado del Vigésimo Circuito. 12 de enero de 2001.- Cinco votos. Ponente: José Vicente Aguinaco Alemán. Secretario: Emmanuel Rosales Guerrero. Nota: Esta tesis no constituye jurisprudencia ya que no resuelve el tema de la contradicción planteada.

Por lo expuesto, se advierte que las autoridades del Registro Agrario Nacional siguen inventando e improvisando fundamentos desatinados que no se actualizan con el caso que nos ocupa a efecto de seguir burlando los mandamientos judiciales, pues no solamente se está evidenciando en el caso que nos ocupa, con evasivas absurdas y persistencia en el incumpliendo del mandamiento judicial, sino que además violenta y transgrede dicho ente registral a los derechos humanos de legalidad, seguridad jurídica, propiedad, posesión, igualdad de género y dignidad de los justiciables entre otros, además de una discriminación total y pública a toda persona que se diga abogada, derechos humanos protegidos por el Artículo 1°, 8, 14, 16, 17, contenidos en la Constitución Política de los Estados Unidos Mexicanos y a la normatividad agraria.

El artículo 191 de la Ley Agraria, en lo conducente al tema, señala lo siguiente:

> ***"...Los Tribunales Agrarios están obligados a proveer a la eficacia e inmediata ejecución de sus sentencias y a ese efecto podrán dictar todas las medidas necesarias, incluidas las de apremio, en la forma y términos que, a su juicio, fueren procedentes..."***

En relación a lo anterior, se han interpuesto amparos en contra del órgano registral agrario, por parte de los agraviados por la inejecución de la sentencia de fecha 18 de junio de 2019 del expediente 830/2018 antes citado, como en muchas otras causas agrarias donde no da cumplimiento el encargado de despacho del Registro Agrario Nacional en Querétaro, habiéndose concedido el amparo y protección de la justicia federal, pero aun y con los cumplimientos de ejecutoria, el órgano registral agrario como autoridad responsable, emite informes al juzgado de Distrito en Materia de Amparo Civil, Administrativo y de Trabajo y de Juicios Federales, en los mismos términos que lo hace al Tribunal Unitario Agrario, empantanándose el cumplimiento a la sentencia por manejar normatividad desatinada, concediéndole plazos el Juzgado de Distrito, con apercibimientos a la autoridad responsable RAN —¿por qué señala tal normatividad que no se apega a la verdad legal y material?, requiriéndole a dicho órgano registral mediante apercibimientos que funde y motive su imposibilidad legal y material, para dar cumplimiento— para expedir los títulos de propiedad en el expediente citado, así como en muchas otras causas agrarias que están en cumplimiento de ejecutoria sus amparos concedidos en contra de la autoridad responsable (órgano registral agrario), por lo que las autoridades jurisdiccionales le apercíben que se impondrá una multa considerable y en su caso la destitución del cargo, si no da cumplimiento al mandato judicial citado, como en otros muchos casos.

TRANSMISIÓN DE DERECHOS QUE NO SE ACTUALIZAN EN EL SISTEMA REGISTRAL

Otra causa agraria que sirve de ejemplo por inconsistencias legales el Registro Agrario Nacional en la Delegación en el Estado de Querétaro, es pasar por alto la actualización del registro en el sistema de las bajas de los derechos de los ejidatarios por defunción, teniendo la obligación de transmitir y causar el alta de quien acredite ser sucesor de dichos derechos, cuando así lo solicite el interesado y lo acredite con lista de sucesión, debiendo causar alta en sistema el sucesor como nuevo titular del derecho vigente ya sea como titular de una parcela o de derechos de uso común y la misma calidad de ejidatario por sucesión, por tratarse de un derecho vigente, caso que no acontece en muchos casos pues no se transmiten dichos derechos de manera total en el sistema registral, en esa tesitura, se relata a continuación uno de los muchos casos en que no se realizan ni actualizan en sistema la transmisión de derechos a los sucesores:

Solicitud de tramite 22220010996, respecto a la inscripción del acuerdo de asamblea de asignación de derechos y solares de conformidad a la asamblea general de ejidatarios de fecha 2 de abril del 2003, inscrita en el folio matriz de tierras número 22TM00000203, con fecha 15 de junio de 2007.

Causa el alta correspondiente de los derechos respecto de la parcela 304, Z-0, P2/2, del ejido XX, Municipio de Tequisquiapan, de MA. XXX, como sucesora de los derechos agrarios que en vida pertenecieron a J. XXX, y en consecuencia, la transmisión de derechos en favor del hijo que sobrevive JUAN XXX, respecto de la parcela 304, Z-0, P2/2, originada por asignación de asamblea de formalidades especiales celebrada en el ejido XX, Municipio de Tequisquiapan, en fecha 2 de abril de 2003, y debidamente inscrita en el folio matriz de tierras número 22TM00000203, con fecha 15 de junio de 2007.

En consecuencia, se solicitó al Registro Agrario Nacional en la Delegación de Querétaro, la expedición del certificado parcelario que ampare la titularidad de JUAN XXX, respecto de la parcela antes citada, originada mediante asamblea de formalidades especiales, celebrada en el ejido antes citado, y debidamente inscrita en el folio matriz antes citado, la cual al fallecimiento de J.XXX, formaba parte de la masa hereditaria, que debió ser transmitida a su legitima sucesora MA.XXX, esposa del finado titular original J.XXX, y a su vez, el hijo de los mencionados JUAN XXX, como legitimo sucesor de los derechos ejidales de la ahora extinta también MA.XXX.

De lo antes expuesto, al fallecer el titular original J.XXX, y habiendo hecho lista de sucesión a favor de su esposa MA.XXX, consistentes en la parcela descrita y en los derechos de uso común; así como existiendo lista de sucesión de la ahora extinta MA.XXX, en donde aparece como sucesor preferente su hijo que le sobrevive JUANXXX, y habiendo acreditado ante el Registro Agrario Nacional la calidad de sucesor preferente, al solicitar a dicho órgano registral, la transmisión de los derechos ejidales, consistentes en la parcela en 304, Z-0, P2/2, y los derechos de uso común, se acudió nuevamente al órgano registral en cita, en donde informaron que para que fuera transmitida la parcela en mención, a JUANXXX, tenia que solicitar la inscripción del acuerdo de asamblea de asignación de derechos de dicha parcela, siendo que en la constancia que el propio RAN Querétaro, emitió en fecha 25 de junio del 2022, refiere:

> ***"...Hace constar que J.XXX, del ejido denominado XX, Municipio de Tequisquiapan, es titular del siguiente derecho: Tipo de derecho 01) parcela 304, zona 00, polígono 2/2, originado por acta de asamblea de formalidades especiales, celebrada en el ejido Bordo Blanco, Municipio de Tequisquiapan en fecha 2 de abril de 2003., inscrita en fecha 15 de junio de 2007.***
> ***..."***

Por lo anterior, es evidente que el organismo registral en un afán autoritario y excediéndose en sus funciones pasa por alto el hecho irrefutable de que es su obligación es inscribir y transmitir los derechos ejidales que se encuentren vigentes, siendo que en el caso en concreto, existe lista de sucesión del extinto titular original J.XXX, y de la esposa ahora extinta MA.XXX, en favor de su hijo sucesor preferente JUAN XXX, y por no actualizar en el sistema dichos derechos desde el fallecimiento del titular original J.XXX, y MA.XXX, con las listas de sucesión, primera y segunda; esta última dejando como sucesor preferente a JUAN XXX; es injustificable que no cumpla dicho órgano registral con la expedición del certificado parcelario y de uso común, solicitado por el sucesor preferente, porque en su sistema registral no aparece antecedentes de toda la tramitología desde la primer lista de sucesión del titular original; y esto ha sucedido y sigue sucediendo en muchos otros casos, donde ya se han presentado diversas demandas en el Tribunal Unitario Agrario, Distrito 42, en la ciudad de Querétaro, por el mismo motivo.

EXCESO DE PLAZOS Y REQUISITOS PARA DAR RESPUESTA A SOLICITUDES Y TRÁMITES

Artículos 1 y 2 del Reglamento Interno del Registro Agrario Nacional, señalan las normas y facultades para la organización y funcionamiento del órgano registral; derivado de esta normativa, se mencionan a continuación los rezagos y tardanza en los trámites realizados en la Delegación del RAN, Querétaro, en el área de inscripción de sentencias que exceden de un tiempo más que razonable y responsable, ya sea porque faltan trabajos técnicos o no, independientemente de eso, se tardan para inscripción de sentencias de uno a 2 años aproximadamente, se complica mucho que el órgano registral agrario genere los certificados parcelarios o títulos de propiedad, muy a pesar de los requerimientos del Tribunal Unitario Agrario Distrito 42, con sede en Querétaro, pues en su reglamento interno, tienen establecido que no pueden exceder más de sesenta días, y obviamente no se está cumpliendo; la transmisión de derechos también están tardando alrededor de cinco a diez meses y los dominios plenos es el ejemplo más indignante pues tardan de dos a 6 años, en el mejor de los escenarios, tanto en las inscripciones de acta de autorización de dominio pleno, como en la cancelación de certificados parcelarios para la emisión de los títulos de propiedad.

Los ingresos, aun cuando el formato único de ingreso en trámites, da la posibilidad para que un interesado o beneficiado, pueda tramitar a través del solicitante, ahora se está exigiendo en todo trámite que sea a través de carta poder simple, independiente al formato que no contempla dicho requisito, para poder ingresar el trámite; así como en las consultas, hay una excedencia en cuestión de cumplimiento por dicha autoridad registral, pues se está hablando de un derecho social, que debe facilitarse para el sector agrario, tratándose de ejidatarios y/o comuneros muchos de ellos de la tercera edad, pues no pueden hacer consultas del trámite para ver en que status se encuentra su caso. Siendo en estricto sentido que ahora el RAN

Querétaro, se apega a través de su personal a los artículos 19 y 20 de la Ley Federal del Procedimiento Administrativo, de manera estricta, para evitar la atención a tantos interesados de un sector desprotegido, donde en muchas ocasiones se desplazan de lugares lejanos a ser el trámite, ya sean los hijos o familiares de los interesados, sin que puedan hacer el trámite que los lleva a presentarse en dicho órgano registral por requerirlas para solicitud carta poder.

En consecuencia, atendiendo a todo lo antes expuesto, se retoma señalando que en todas las Delegaciones del Registro Agrario Nacional en el país, existe un rezago de cumplimiento de sentencias y/o de tramites, pues se carecen de presupuesto y personal acorde a las necesidades que se requieren para el buen funcionamiento de dichos órganos registrales, siendo que no cuentan con el personal suficiente y en muchas ocasiones con personal apto, como sucede con el encargado de despacho en la Delegación del Registro Agrario Nacional en Querétaro, y el Director General de Catastro y Asistencia Técnica del Registro Agrario Nacional, para dar cumplimiento a lo ordenado por los Tribunales Unitarios Agrarios en sus distintas jurisdicciones y en los tramites que se le son solicitados por los interesados. Amen que se considere para los Tribunales Unitarios Agrarios más personal de carrera, pues son demasiadas cargas de trabajo y todavía de eso el desgaste que tienen con los desacatos del órgano registral agrario, como sucede en Querétaro.

El país necesita un estado de derecho que se respete, en materia agraria no se ha dado la importancia que merece y que necesitan los interesados y justiciables del sector agrario, pues lejos de solucionar sus problemas para una certeza jurídica en su propiedad y posesiones, están inmersos en el estanco total para legitimar sus derechos.

Por último, el Tribunal Superior Agrario, dotado de facultades para establecer criterios jurisprudenciales vinculantes para los tribunales agrarios, sujetos a la consideración en algunos casos de la justicia federal, necesita considerar, todo el contexto de inconsistencias del Registro Agrario Nacional en el país, mas aun en los estados de la federación como es el de Querétaro, en donde plenamente dieron todo el poder al encargado de despacho de la Delegación Querétaro, que lejos de servir a los justiciables y/o interesados, dando cumplimiento a las sentencias emitidas por el Tribunal Unitario Agrario, Distrito 42, con sede en la ciudad de Querétaro, y dar la atención eficaz, humana, y ética, solo se ha dedicado a omitir sus funciones y desacatar cumplimientos y ejecutorias de amparo ordenados por los Juzgados de Distrito del Poder Judicial Federal, así como negar atención en trámites y dar respuestas a los interesados, que necesitan respeto a sus derechos humanos de legalidad, seguridad jurídica, propiedad, posesión e igualdad de género, y dignidad entre otros.

Hablar de todo lo anterior, es un respiro, solo un respiro, para todos aquellos que vivimos con la esperanza de un México mejor, donde la corrupción realmente sea erradicada, pues lo que se ha relatado es sinónimo de ella, y debemos levantar la voz cuando hay injusticias repetidas día con día, por nepotismo, desacato, prepotencia y mal trato a los interesados y justiciables, pues los casos que se han comentado son uno entre cientos de ellos, sin que nada ocurra en beneficio del sector agrario en este actual gobierno, sino al contrario, a pesar de las quejas de los justiciables y/o interesados en contra del encargado de despacho de la Delegación del Registro Agrario Nacional en Querétaro, a través de la contraloría del mismo organismo registral (que de nada sirve, pues reciben instrucciones o línea de los mismos del RAN), así como a través de demandas de amparo ante los Juzgados Federales, y medios de comunicación.

La perspectiva del derecho agrario en el siglo XXI. La Constitución y sus principios de derechos humanos

FRANCISCO JAVIER DORANTES DÍAZ[1]

Resumen: En este ensayo pretendo proponer algunos aspectos técnicos desde la argumentación jurídica para incorporar, en lo concreto, en el derecho agrario. Si bien, nos interesa la argumentación desde la Constitución, es de nuestro interés, la aplicación de los principios jurídicos de derechos humanos considerados en nuestra Carta Magna: universalidad, interdependencia, indivisibilidad y progresividad, sin dejar de mencionar algunos otros elementos argumentativos reconocidos por la teoría para este tipo de casos.

La propuesta la hago a partir de mi experiencia en la materia y ante la falta de una argumentación consistente en lo agrario que aplique derechos humanos. Hasta el momento, es poco lo que se ha analizado desde esta perspectiva. Si bien, este ensayo no busca ser exhaustivo, si pretende poner sobre la mesa algunos elementos técnicos a ser analizados.

I. LA APORÍA INICIAL

Es indudable, nuestro sistema constitucional ha sufrido un cambio trascendente en su dogmática. Se trata, de la más importante transformación en la estructura constitucional después de la propia promulgación de nuestra Carta Magna en 1917. Los efectos de las reformas constitucionales, del 6 de junio de 2011 en materia de juicio de amparo; y del 10 de junio del mismo año, en lo que concierne a

---

1 Doctor en Derecho, profesor por oposición de Argumentación Jurídica en la Universidad Nacional Autónoma de México, miembro de la Barra Mexicana, Colegio de Abogados, de la que es secretario de la Comisión de Derecho Agrario, además es un servidor público experto en derechos sociales.

los derechos humanos, aún no han terminado de consolidarse, mucho menos en lo que concierne al derecho agrario.

No existe autoridad alguna que escape a la obligatoriedad de las nuevas disposiciones constitucionales. Precisamente, el presente ensayo trata de abordar uno de los problemas a resolver conforme a este nuevo marco normativo: ¿Cómo pueden argumentarse los agrarios, conforme a las nuevas reglas de interpretación? ¿Qué peculiaridades tiene la argumentación constitucional en estos casos? ¿Cómo pueden aplicarse tratados internacionales o resoluciones de la Corte Interamericana de Derechos Humanos en materia agraria? Si bien la dogmática jurídica agraria ya ha intentado dar alguna respuesta a estas preguntas, las referencias aún han sido muy generales.[2]

No se trata de cuestionamientos sencillos. Tanto la práctica administrativa, como la judicial nos irán determinando los derroteros jurídicos a seguir, hasta el momento esto no se ha definido adecuadamente. No obstante, desde la teoría, la filosofía del derecho y la argumentación jurídica, no se puede dejar de emitir algunas consideraciones que puedan redituar en algunos aspectos técnicos y prácticos útiles para enfrentar estos nuevos retos agrarios.

En esta ocasión, nuestro objeto de estudio es el derecho agrario que dogmáticamente dentro de los denominados como derechos sociales.[3] Si bien, nuestra Constitución fue pionera en el reconocimien-

---

2 Sobre el particular, puede verse Silverio Rodríguez Carrillo, *Juicio de amparo en materia agraria,* Pról. Guillermo I. Ortiz Mayagoitia, México, Editorial Porrúa, 2012, pp. 126 y ss.

3 Según Federico Jorge Gaxiola Moraila, el derecho social es "el conjunto de normas jurídicas que establecen y desarrollan diferentes principios y procedimientos protectores en favor de las personas, grupos y sectores de la sociedad integrados por individuos *socialmente débiles,* para lograr su convivencia con las otras clases sociales, dentro de un orden jurídico", en varios autores, *Diccionario Jurídico Mexicano,* 3era Ed., México, Editorial Porrúa-Universidad Nacional Autónoma de México, Instituto de Investigaciones Jurídicas, 1989, Vol. II, p. 1040. El subrayado es mío, pues considero que dicha definición de nuestra doctrina es errónea, el derecho social no sólo protege a grupos socialmente débiles sino a todas las personas. Precisamente, la búsqueda de la igualdad sustancial entre todas las personas, no es la base de este tipo de derechos, sino la meta o aspiración del orden jurídico. Pero esto no significa, que su punto de partida sea únicamente la diferenciación entre las personas, más bien aquí debemos considerar adicionalmente a la dignidad humana y de que se trata de un derecho

to de este tipo de derechos, no escapamos a su problemática generalizada a nivel internacional: su *justiciabilidad*, es decir, la posibilidad de reclamar ante un juez o tribunal el cumplimiento de algunas de las obligaciones derivadas de estos derechos.[4]

El problema de acceso a la justicia es relevante en todo sistema constitucional y con especial sensibilidad en materia de derechos sociales. Generalmente estos derechos se veían desde una perspectiva meramente programática, es decir, el derecho se cumplía si el Estado cubría de alguna forma las necesidades o intereses tutelados por un derecho social. Ahora, los derechos sociales ya son también vinculantes, en el sentido de que, puede ser reclamado por los ciudadanos su eventual incumplimiento. Los derechos sociales sólo alcanzan su plenitud si pueden garantizar su obligatoriedad.[5]

Existe la desafortunada idea de que sólo los derechos civiles y políticos pueden ser exigibles. Esta consideración debe ser definitivamente olvidada y reconocer que los derechos sociales también le generan al Estado obligaciones positivas y negativas.[6] Si esto es así, es fundamental poder determinar cuales de estos derechos pueden concretizarse vía administrativa y cuales vía judicial.

En el caso de la materia agraria, al reformarse la fracción XIX del artículo 27 Constitucional, el 6 de enero de 1992, se determino la creación de tribunales agrarios a nivel federal, dotados de autonomía y plena jurisdicción para la administración de la justicia agraria. Acorde a esta reforma, el 10 de febrero de 1992, se aprueba la Ley Orgánica de los Tribunales Agrarios.

---

de grupos. Una obra reciente sobre este tema es la de Armando Hernández Cruz, *Los Derechos Económicos, Sociales y Culturales y su justiciabilidad en el Derecho Mexicano*, México, Universidad Nacional Autónoma de México, 2010, (Instituto de Investigaciones Jurídicas; Serie Doctrina Jurídica, Núm. 540), pp. 36 y ss.

4 Ver Víctor Abramovich y Christian Courtis, "Apuntes sobre la exigibilidad de los derechos sociales", en Víctor Abramovich, María Jose Añon y Christian Courtis, Comp. *Derechos Sociales. Instrucciones de Uso*, México, Editorial Fontamara, 2003, (Col. Doctrina Jurídica Contemporánea; Número 14), p. 61; así como la obra de Víctor Abramovich y Christian Courtis, *Los derechos sociales como derechos exigibles*, Pról. De Luigi Ferrajoli, 2ª Ed., Madrid, Editorial Trotta, 2004, (Col. Estructuras y Procesos; Serie Derecho) 256 pp.

5 *Loc. Cit.*

6 *Ibidem.*, p. 63.

En consecuencia, la materia agraria tiene una ventaja sobre otros derechos sociales, cuenta con sus propios tribunales. No obstante, esta ventaja, aún queda la interrogante técnica de como incorporar los avances de derechos humanos en el discurso jurídico.

Para lógralo se requiere de una herramienta analítica fundamental: la argumentación jurídica. ¿Cómo argumentar los derechos sociales, en particular lo agrario? Se trata de una aporía de difícil respuesta. En un intento por tratar de concretizar algunas posibles vías de análisis, se podría decir que hay, al menos, tres cuestiones importantes a distinguir: a) ¿cómo se argumenta constitucionalmente?; b) ¿qué elementos técnicos pueden considerarse en la argumentación de los derechos sociales, en particular de lo agrario?; y, c) ¿qué peculiaridades encontramos en la argumentación jurídica aplicable específicamente a este tipo de derechos?

II. PECULIARIDADES DE LA ARGUMENTACIÓN CONSTITUCIONAL

En los estados democráticos contemporáneos, esta jugando un papel fundamental la argumentación, por su importante tarea en la racionalización de las decisiones jurídicas. En ese sentido se debe reconocer que el Estado Constitucional se encuentra estrechamente vinculado con el desarrollo de la argumentación jurídica. Como señala Manuel Atienza el derecho es, en gran medida, una práctica argumentativa.[7]

El poder público, en cualquiera de sus manifestaciones, ahora como nunca, se encuentra obligado a justificar sus decisiones. Esta evolución, ya señalada por Chaim Perelman en su momento, se refleja en la forma en que se motiva el derecho.[8]

---

7 Manuel Atienza, "Argumentación y Constitución" en Manuel Atienza y Rodolfo L. Vigo, *Argumentación Constitucional. Teoría y práctica*, México, Editorial Porrúa-Tribunal Electoral del Poder Judicial de la Federación-Instituto Mexicano de Derecho Procesal Constitucional, 2011, (Biblioteca Porrúa de Derecho Procesal Constitucional; Núm. 42) p. 15.

8 Chaim Perelman destaca como a partir de la Escuela Exegética Francesa hasta la etapa que denomina como judicial, mediados del siglo XX, el signo distintivo era, precisamente, la evolución de la motivación jurídica. Ver Chaim Perelman,

Pero, regresemos a nuestro cuestionamiento original: ¿qué características especiales puede tener la argumentación jurídica desde la Constitución? Comencemos por los puntos comunes. La argumentación constitucional al igual que la aplicada en otras instancias, debe cumplir con una exigencia de racionalidad. Partiendo de la idea de que la razón jurídica no es sólo razón instrumental, sino también razón práctica en sentido estricto,[9] tal y como lo ha señalado Robert Alexy.[10] En otras palabras, la actividad judicial esta guiada por la pretensión de corrección en la búsqueda de la justicia, en este caso, de la *justicia social,* y en lo particular, de la *justicia agraria.*

Si bien, la característica más evidente de la argumentación constitucional es la jerarquía de sus disposiciones, bien sabemos, que en el caso de colisión de derechos fundamentales este criterio no es definitivo. En el caso de los derechos sociales, la educación, el medio ambiente, el derecho a la vivienda o a la cultura, o la justicia agraria, sólo por mencionar algunos ejemplos, nos remite a derechos de igual jerarquía. También, por tratarse de derechos contenidos en la Constitución su tratamiento no puede ser meramente normativista, pues nos encontramos dentro de un Estado Constitucional de Derecho en el que los aspectos valorativos y circunstanciales pueden ser definitivos.

Aclarado lo anterior, es necesario recurrir a otras vías. La clave quizá se encuentre en la justificación de las decisiones jurídicas, es decir, tratar de mostrar las razones que permiten considerar a la decisión como algo aceptable.[11] Tratándose de normas constitucionales, su justificación suele ser más difícil por el tipo de problemas que plantea.[12] Es decir, se trata de casos que generalmente requieren de

---

La lógica jurídica y la nueva retórica, Trad. Luis Diez-Picazo, Madrid, Editorial Civitas, 1979, (Col. Monografías), p. 37 y ss.

9 Manuel Atienza, *Op. Cit.,* p. 18

10 Robert Alexy, *Teoría de la argumentación jurídica. La teoría del discurso racional como teoría de la fundamentación jurídica,* Trad. Manuel Atienza e Isabel Espejo, Madrid, Centro de Estudios Constitucionales, 1989, (Col. El derecho y la justicia; Núm. 14), pp. 205 y ss.

11 *Ibidem.,* p. 24

12 Recurro a la típica distinción que la propia argumentación jurídica utiliza entre casos fáciles y casos difíciles.

una adecuada justificación externa,[13] buscando que los principios y valores sean acordes con el sistema constitucional concreto. Sin olvidar el efecto *irradiante* que este tipo de asuntos genera sobre otros derechos fundamentales.

Pero, quizá una de las características fundamentales de los derechos sociales es que en su mayoría se encuentran redactados como principios, es decir, como mandatos de optimización.[14] Esta peculiaridad, hace que en el caso de conflicto en la argumentación y aplicación de estos derechos se atiende con criterios de gradualidad. En concreto, un derecho social siempre se actualiza bajo ciertas características circunstanciales. En otras palabras, su carácter abierto nos obliga a considerarlos, argumentativamente, de manera especial.

Los derechos sociales requieren siempre, por lo aquí señalado, de una determinada interpretación. En cada país, los aspectos concretos de estos derechos atienden, en principio, a las cuestiones de índole circunstancial. Pensemos por ejemplo: el derecho al agua. Mientras que en África ese derecho puede garantizarse con 25 litros por persona; en Argentina, este derecho implica 200 litros por persona. En la ciudad de México se consideran como 50 litros lo máximo que puede recibir cualquier persona para atender sus necesidades vitales.[15] Los derechos sociales, responden, como en el caso aquí señalado, a condiciones reales para su cumplimiento. Lo ideal sería, que eso es lo que busca la universalidad de los derechos humanos, que todos los derechos se apliquen de manera equitativa en todo el mundo. Desafortunadamente, esta condición aún esta lejos de alcanzarse.

Tratando de tomar en cuenta estas peculiaridades a continuación hare referencia a algunos argumentos que nos pueden ser útiles en

---

13 Distinguiéndola de la justificación interna que se refiere simplemente a la construcción del silogismo o deducción entre premisas fácticas y normativas. En otras palabras, la justificación externa necesita de mayores argumentos, es decir, de una justificación más elaborada.

14 Sigo la distinción hecha por Robert Alexy entre reglas y principios. Por esta característica Piedad García Escudero los ha definido como derechos "constitucionalmente reconocidos, cuya efectividad requiere una actividad positiva de prestación por parte del Estado", en varios autores, *Diccionario Jurídico Espasa*, Madrid, Fundación Tomás Moro-Espasa Calpe, 1993, p. 333.

15 Artículo 61 Bis de la Ley de Aguas del Distrito Federal.

materia de derechos sociales. En este caso me refiero, no sólo a los argumentos que pueden utilizar los jueces, sino a todo operador jurídico, administración pública, poder legislativo, abogados y litigantes.[16]

III. ALGUNOS TÓPICOS

Los tópicos son puntos de partida en una determinada argumentación.[17] Como señala Theodor Viehweg, tienen "que ser entendidos de un modo funcional, como posibilidades de orientación y como hilos conductores del pensamiento[18]". De otra forma, se trata de argumentos que se dirigen a la solución de un determinado problema. Pueden presentarse como conceptos o como proposiciones.[19] Su utilización implica la búsqueda de las mejores premisas para una determinada situación.

Desde la perspectiva aquí señalada, he tratado de señalar algunos de los tópicos que considero más relevantes para argumentar en torno a los derechos sociales, pero en lo particular a lo agrario.

III.1 El ámbito normativo

Algunos de los tópicos más relevantes en el problema que nos ocupa son los de naturaleza normativa. Aquí quiero mencionar la obligación de la "interpretación conforme" contenida en el segundo párrafo del artículo primero de nuestra Constitución que a la letra señala:

> "Las normas relativas a los derechos humanos se interpretarán de conformidad con esta Constitución y con los tratados internacionales de la materia favoreciendo en todo tiempo a las personas la interpretación más amplia".

---

16 Para el resto del ensayo utilice un esquema que me ha sugerido la lectura de la teoría argumentativa de Theodor Viehweg, *Vid. Tópica y Jurisprudencia,* 2ª Ed., Prol. Eduardo García de Enterría, Trad. Luis Díez Picazo, Madrid, Editorial Thomson-Civitas, 2007, 172 pp.

17 *Ibidem.*, pp. 55 y ss.

18 *Ibidem.*, p. 65.

19 *Ibidem.*, p. 66.

Sobre este párrafo es importante señalar dos cuestiones fundamentales. La primera de ellas, sería que todas las normas relacionadas con los derechos sociales deben interpretarse de *manera conforme* a la Constitución y a los Tratados Internacionales sobre la materia. La segunda, que la interpretación normativa siempre será favoreciendo lo más ampliamente a las personas, es decir, aplicando el principio *pro homine*.

Adicionalmente, como puede apreciarse de la misma redacción del párrafo en comentario, los derechos sociales se ven beneficiados en su aplicación al poderse aplicar aquellas disposiciones de normas internacionales que resulten ser más favorables. Nos encontramos, en este caso, ante el denominado como control de la convencionalidad.[20]

En consecuencia, el ámbito normativo se ha visto ampliando en la materia de derechos sociales, de tal forma que además de nuestra constitución y las leyes especiales referentes a derechos sociales, pueden aplicarse los tratados internacionales en la materia.[21]

Una última aclaración. Si bien queda claro que las normas, en este caso para los derechos sociales, deben aplicarse conforme a los principios de "interpretación conforme" y *pro homine,* no se deben olvidar otras reglas de racionalidad que la teoría de la argumentación jurídica nos sugiere. En concreto, Robert Alexy recomienda que en materia de interpretación jurídica se debe dar preferencia a los argumentos que expresan una vinculación al tenor literal de la ley o la voluntad del legislador histórico sobre otros argumentos, al menos que puedan aducirse otros motivos racionales que concedan prioridad a otros argumentos. En todo caso, las reglas de la interpretación jurídica deben respetarse.[22]

---

[20] Sobre el particular, puede consultarse la obra de Ignacio Francisco Herrerías Cuevas, *Control de convencionalidad y efectos de las sentencias,* Pról. Miguel Carbonell, México, Editorial Ubijus, 2011, pp. 65 y ss.

[21] Respecto a la aplicación práctica de lo aquí señalado puede consultarse el interesante artículo de Marco Antonio Pérez Meza y Jean Claude Tron Petite, "El control de convencionalidad en México", en *El Foro, Órgano de la Barra Mexicana, Colegio de Abogados, A.C.,* Decimoctava Época, Tomo XXIV, Número 2, Segundo Semestre de 2011, pp. 343 y ss.

[22] Robert Alexy, *Op. Cit.*, pp. 225 y ss.

Ya en concreto, en materia agraria, de manera ejemplificativa, se encuentra el Convenio 169 de la Organización Internacional del Trabajo, principalmente en lo relativo a las tierras.[23] Este tema se encuentra considerado de los artículos 13 al 19 de dicho Convenio. Ahora, por el control de convencionalidad, dicho apartado es derecho positivo obligatorio.

Otro instrumento de derecho internacional es el documento de *Derechos de los pueblos indígenas y tribales sobre sus tierras ancestrales y recursos naturales. Normas y jurisprudencia del Sistema Interamericano de Derechos Humanos.*[24] Este documento emitido por la Comisión Interamericana de Derechos Humanos de la OEA. Este instrumento jurídico es muy importante pues además de su carácter normativo, reúne las tesis jurisprudenciales sobre la materia.

III.2 Los precedentes judiciales

En la argumentación jurídica el uso de precedentes judiciales, también tiene que cumplir con reglas mínimas de racionalidad. De hecho se trata de uno de los aspectos esenciales dentro de la misma, por la importancia fáctica que tienen.[25] En cuanto a los precedentes, es importante señalar que su fundamento lo constituye el principio de universalidad, es decir se debe tratar de igual manera a lo igual. Con esta característica, nos enfrentamos a uno de los principales problemas del uso de los precedentes que es que nunca hay dos casos completamente iguales.[26]

Robert Alexy formula dos reglas generales para el uso argumentativo de los precedentes judiciales: a) cuando pueda citarse un precedente en favor o en contra de una decisión debe hacerse; y, b) quien quiera apartarse de un precedente, asume la carga de la argumentación.[27] Es importante señalar, que adicionalmente a lo expresado por Alexy, los precedentes judiciales deben citarse y explicarse en su

---

23 Silverio Rodríguez, *Op. Cit.*, p. 129.

24 *Ibidem.*, p. 132.

25 Robert Alexy, *Op. Cit.*, p. 262 y s.

26 *Loc. Cit.*

27 *Ibidem.*, p. 265

parte sustancial sin omitir aquello que pueda resultar contrario a los intereses del que la cita.

De esta manera, también resulta fundamental la distinción entre la *ratio decidendi* y el *obiter dictum*; es decir, entre la parte sustancial de una decisión jurídica y sus argumentos complementarios.

Lo más importante de la técnica argumentativa aplicada a los precedentes judiciales es saber distinguir e interpretar la norma que hay que considerar desde la perspectiva del precedente. En caso, de no estar de acuerdo con la parte esencial de un precedente, lo que será fundamental es expresar las razones jurídicas que nos llevan a alejarnos de la misma. Por lo aquí expresado, Robert Alexy señala que el uso de los precedentes denota un procedimiento de argumentación que bien exigido por razones práctico-generales.[28]

Sobre este punto es necesario comentar que por lo señalado no sólo deben considerarse los precedentes de los tribunales agrarios, sino también los emitidos por la Corte Interamericana de Derechos Humanos.

III.3 Algunos principios jurídicos

En la actualidad, el uso de principios jurídicos en diversas materias ya se ha generalizado, dejando atrás el descrédito que el positivismo jurídico les había proporcionado.[29]

Lo paradójico del positivismo, como señala Eduardo García de Enterría, es que con el ideal dogmático de la jurisprudencia de consejos, pero principalmente con la construcción kelseniana, se creara un sistema axiomático, aunque esta vez fuese inmanente y no trascendente.[30] El hecho de que los principios jurídicos al aplicarse utilicen criterios de valoración, de ninguna manera significa que no cuenten

---

28 *Ibidem.*, p. 265 y s.

29 Francisco Javier Dorantes Díaz, "La aplicación de principios del derecho en la Ley Federal de Protección al Consumidor", en *Alegatos. Revista del Departamento de Derecho*, México, Universidad Autónoma Metropolitana - División de Ciencias Sociales y Humanidades, Número 65, enero-abril de 2007, p. 165.

30 Eduardo García de Enterría, *Reflexiones sobre la ley y los Principios Generales del Derecho*, Madrid, Cívitas, 1986, (Cuadernos Cívitas), p. 60 y s.

con una técnica jurídica objetiva, que va más allá de los criterios mecanicistas de las puras conexiones formales.

Desde mi punto de vista los principios generales del derecho tienen al menos, dentro de la argumentación, a los siguientes usos: como factor de orden; como método d e interpretación; como método de integración y como justificación externa.[31]

En lo que concierne al juicio agrario destacan los principios de iniciativa de parte, legalidad, igualdad, defensa, verdad sabida, oralidad, celeridad y concentración, publicidad, inmediación y suplencia. Si bien, no es motivo de este ensayo extendernos en su explicación y desarrollo, si es pertinente el reflexionar si sólo existen estos principios.[32] ¿No habrá otros principios, como el de función social, para las decisiones en materia agraria? Vale la pena otro estudio exclusivamente para este tema. Por el momento, abordemos otros principios importantes, los de derechos humanos contenidos en la Constitución.

III.3.1 Universalidad

Discutamos de inició, el principio de universalidad. En primer lugar es necesario aclarar que se ha demostrado que es inalcanzable todo fundamento absoluto de los derechos humanos; pero una posición teórica que resulta más eficaz, en el plano práctico, es el buscar en el consenso de las gentes.[33]

Dicho de otra manera, en palabras de Vitale:

> "...lo que todos reprueban, lo que todos los pueblos rechazan, nos permite identificar históricamente, por superposición o intersección, al núcleo de derechos humanos que, más allá de las quimeras y de las reflexiones filosóficas, sensatamente podemos pretender que se traduzcan en derecho positivo en el plano internacional o supranacional. Porque,

---

31 Francisco Dorantes, *La aplicación de principios del derecho...*, pp. 171 y ss.

32 Para un estudio detallado de estos principios Vid. Jorge G. Gómez de Silva Cano, *Tratado de la Justicia Agraria en México.* Pról. Sergio García Ramírez. México, Editorial Porrúa, 2002, pp. 557 y ss.

33 Ermanno Vitale, *Derechos y razones. Lecciones de los clásicos y perspectivas contemporáneas,* México, Universidad Nacional Autónoma de México, 2007, (Instituto de Investigaciones Jurídicas; Serie Estudios Jurídicos, Núm. 123), p. 117.

> obviamente, si se habla de derechos del ser humano, *no podemos reducirlos a la ciudadanía o al ámbito del constitucionalismo interno de cada Estado*[34]".

No obstante, esta metodología puede ser ambigua y engañosa y traducirse en meras declaraciones. Para evitar este problema hay que considerar la noción de "gentes" no desde una perspectiva individual, sino colectiva.[35] Sólo así se podría aspirar a una universalidad. Si bien la universalidad, conceptualmente hablando, es difícil en su consecución, los instrumentos internacionales aceptados por la mayoría de los países, pueden representar esa cualidad. La Universalidad puede reconocerse como la mayoría, puesto que resulta prácticamente imposible que se entienda por todos. Universal, significa entonces, consenso, sino del género humano, por lo menos de la mayoría.[36] Esta es una perspectiva que puede ayudarnos a construir de mejor manera nuestros derechos humanos, en particular, los derechos considerados como sociales y entre ellos los agrarios.

III.3.2 Interdependencia

Continuando con el análisis de los principios, se señala que en materia de derechos humanos debe conocerse que son *interdependientes* e *indivisibles* puesto que se respetan sin el menoscabo los unos de los otros. En este aspecto debe señalarse, que en la aplicación concreta de ciertos derechos pueden presentarse conflictos entre ellos, lo que teóricamente se denomina como colisión.[37] En este tipo de casos, deberán de ser resueltos mediante la ponderación. El resultado sería la determinación de límites entre derechos para casos concretos, situación que no demerita la interdependencia e indivisibilidad a la que hemos hecho referencia.

En este tipo de casos, la actuación del poder judicial resultara ser fundamental con el establecimiento concreto de criterios para

---

34 *Ibidem.*, p. 118. El subrayado es mío.

35 *Ibidem.*, p. 120.

36 *Ibidem.*, p. 146.

37 *Vid.* Mijail Mendoza Escalante, *Conflictos entre derechos fundamentales. Expresión, información y honor*, Lima, Palestra Editores, 2007, p. 38.

el ejercicio efectivo de ciertos derechos humanos. Este tipo de dificultades propiciará el estudio concreto de los alcances y limitaciones de cada derecho, así como su relación con otros. Evidentemente, sin olvidar la naturaleza de los derechos humanos de interdependencia e indivisibilidad.

En estos casos, el ejercicio de la ponderación resultara fundamental. En las sociedades democráticas, la argumentación jurídica se convierte en una herramienta fundamental para el ejercicio de los derechos.

III.3.3 Indivisibilidad

Este principio, significa que en materia de derechos humanos estos no pueden fragmentarse, pues son indivisibles. Dicho de otra manera, deben respetarse y aplicarse en su integralidad.

Esta circunstancia prevalece aún en el caso de conflicto entre dos o más derechos humanos, ya que en estos casos no se aplican los criterios de resolución aplicables a otros tipos de normas. Los derechos humanos sean civiles, sociales, económicos o culturales tienen estrecha relación con la dignidad humana, en consecuencia, no puede aplicárseles a algunos de ellos criterios tales como el de jerarquía.

III.3.4 Progresividad

Finalmente, debe aplicarse el principio de que los derechos humanos son *progresivos* puesto que van evolucionando históricamente en la medida en que la humanidad va descubriendo nuevos aspectos para garantizarlos adecuadamente.[38] Esta cualidad también proporciona flexibilidad a los derechos humanos con la finalidad de que se vayan transformando, en atención a las nuevas circunstancias que se vayan presentando.

Al convertirse en una obligación Constitucional, las autoridades ahora tienen el deber de conocer el contenido de estos principios y

---

[38] Sobre estos principios y otros aspectos de difusión de los derechos humanos ante situaciones de discriminación, Cfr. Ricardo Hernández Forcada y Héctor Eloy Rivas Sánchez, *El VIH/SIDA y los Derechos Humanos: guía básica para educadores en Derechos Humanos,* México, Letra S, 2006, p. 7.

aplicarlos, de otra manera se entendería que violarían, a su vez, los derechos humanos. Una vez más, el papel de los jueces será fundamental para consolidar a los principios de derechos humanos como criterios ordenadores e interpretadores en casos concretos, pero también, la tarea de las autoridades administrativas puede ser fundamental, para la consolidación de muchos de los derechos fundamentales.

La batalla por los derechos sociales, en primera instancia, será ante las autoridades administrativas. La falta de conceptos no nos permite garantizar la progresividad de los derechos. Una vez más, poder definir y concretar alcances y límites de los derechos sociales es una tarea fundamental.

De hecho, si bien no existe jerarquía alguna entre los principios ya señalados, si es posible afirmar, que la progresividad es una condición *sine quanon*, para que se puedan actualizar los otros principios. Una vez más, nos encontramos ante una situación compleja. Las autoridades administrativas no sólo deben conocer, sino además aplicar los principios de derechos humanos y que decir de las autoridades agrarias y Tribunales Agrarios.

III.4 Argumentos empíricos

En la argumentación jurídica también pueden ser importantes los argumentos empíricos, entre otras cuestiones en la fundamentación de las premisas normativas que se requieren para la saturación de los distintos tipos de argumentos; en la elección de los mejores argumentos; en la fundamentación y comprobación de enunciados dogmáticos; en el adecuado uso de los precedentes judiciales y en la fundamentación de enunciados útiles para los silogismos básicos en el derecho.[39]

Estos argumentos son tan importantes, que para Robert Alexy la argumentación práctica general constituye el fundamento, precisamente, de la argumentación jurídica.[40] Claro, que esta relación se da siguiendo condiciones y formas especiales, en atención a las necesidades prácticas propias del derecho. Esta peculiaridad no le quita su

---

39 Robert Alexy, *Teoría de la argumentación...*, p. 271.

40 *Ibidem.*, p. 277.

naturaleza de racionalidad a la argumentación jurídica, ni la pretensión de corrección característica de todo discurso práctico.

IV. UNA VÍA PLAUSIBLE. LA PONDERACIÓN

Se debe comprender que los textos constitucionales, en principio, sólo otorgan derechos *prima facie*, en consecuencia, la ponderación es fundamental para poder concretizar un derecho en específico, como es el caso de lo agrario. No obstante, su principal problema sigue siendo si el juicio de ponderación es o no racional. Es decir, si al igual que los elementos que hemos visto con anterioridad, puede aplicarse algún sistema de control en su ejercicio.

Los derechos sociales, entre ellos los agrarios, al tratarse de prestaciones positivas del estado, implican para su cumplimiento la realización de ciertas acciones. Por tratarse de derechos, estructurados como principios, es decir mandatos de optimización como los califica Alexy, basta con que se realicen esas acciones en cierto grado de cumplimiento. Tampoco se debe olvidar, que los derechos sociales son derechos mínimos en el sentido de que generan un mínimo vital para la subsistencia de cualquier individuo. Es decir, deben garantizar un nivel mínimo de satisfacción de necesidades. En otras palabras, como señala Alexy, se trata de derechos en los que el Estado debe hacer algo.[41]

Los derechos sociales tienen una estructura alternativa o disyuntiva. Es decir, que el Estado cuenta con diversas alternativas para cumplir con lo mandado por la ley.[42] En consecuencia, requieren de los principios de adecuación y necesidad. El "principio de adecuación excluye la adopción de medios que infrinjan un derecho constitucional sin promover ningún derecho u objetivo para los que se adoptaron dichos medios[43]". Por su parte, el principio de necesidad implica

---

41 Robert Alexy, *Derechos sociales y ponderación*, 2ª Ed., Madrid, Fundación Coloquio Jurídico Europeo, 2009, (Col. Fundación Coloquio Jurídico Europeo; Núm. 1), p. 50.

42 *Ibidem.*, p. 55.

43 *Ibidem.*, p. 57.

el seleccionar entre dos medios idóneos el que interfiera menos con otros derechos.

Estos elementos nos llevan a la llamada "Ley de Ponderación" que reza: "Cuanto mayor es el grado de no satisfacción, o perjuicio, de un principio, tanto más importante es satisfacer el otro[44]". Esta formula se aplica, principalmente cuando existe una colisión de derechos. La ponderación nos lleva al análisis de la factibilidad de los derechos en situaciones reales.[45]

En nuestro país, en que la mayor parte de nuestros derechos sociales son redactados como principios, la ponderación puede ser un camino factible para su concreción. Lo que resulta importante para los estudiosos del derecho en estos momentos, es precisamente la necesidad de crear y explorar nuevos caminos argumentativos para los derechos sociales, por esa razón, el derecho agrario del Siglo XXI aún tiene mucho por construir.

V. BIBLIOGRAFÍA, HEMEROGRAFÍA Y NORMATIVIDAD.

Bibliografía

ABRAMOVICH, Víctor; AÑON, María José y COURTIS, Christian. Comp. *Derechos Sociales. Instrucciones de uso.* México, Editorial Fontamara, 2003. (Col. Doctrina Jurídica Contemporánea; Núm. 14) 416 pp.

ABRAMOVICH, Víctor y COURTIS, Christian. *Los derechos sociales como derechos exigibles.* Pról. Luigi Ferrajoli. 2ª Ed. Madrid, Editorial Trotta, 2004. (Col. Estructuras y Procesos; Serie Derecho) 256 pp.

ALEXY, Robert. *Derechos Sociales y ponderación.* 2ª Ed. Madrid, Fundación Coloquio Jurídico Europeo, 2009. (Col. Fundación Coloquio Jurídico Europeo; Núm. 1) 404 pp.

ALEXY, Robert. *Teoría de la argumentación jurídica. La teoría del discurso racional como teoría de la fundamentación jurídica.* Trad. Manuel Atienza e Isabel Espejo. Madrid, Centro de Estudios Constitucionales, 1989 (Col. El Derecho y la justicia; Núm. 14) 346 pp.

---

44 *Ibidem.*, p. 58.

45 El sistema de Alexy ha sido criticado ampliamente. Sin embargo, considero que su planteamiento teórico sigue siendo de gran valía sobre todo en democracias en construcción como la nuestra. Sobre estas posiciones puede verse el mismo Robert Alexy, *Derechos sociales y ponderación*, pp. 88 y ss.

ATIENZA, Manuel y VIGO, Rodolfo L. *Argumentación Constitucional. Teoría y práctica.* México, Editorial Porrúa-Tribunal Electoral del Poder Judicial de la Federación-Instituto Mexicano de Derecho Procesal Constitucional, 2011. (Biblioteca Porrúa de Derecho Procesal Constitucional; Núm. 42) 224 pp.

GARCÍA DE ENTERRÍA, Eduardo. *Reflexiones sobre la Ley y los Principios Generales del Derecho.* Madrid, Editorial Civitas, 1986. (Cuadernos Cívitas). 184 pp.

GARCÍA RAMÍREZ, Sergio. *Justicia agraria.* México, Tribunal Superior Agrario, 1997. 204 pp.

GÓMEZ DE SILVA CANO, Jorge J. *Tratado de la Justicia Agraria en México.* Pról. Sergio García Ramírez. México, Editorial Porrúa, 2002. 976 pp.

HERRERÍAS CUEVAS, Ignacio Francisco. *Control de convencionalidad y efectos de las sentencias.* Pról. Miguel Carbonell. México, Editorial Urbijus, 2011. 144 pp.

HERNÁNDEZ CRUZ, Armando. *Los derechos económicos, sociales y culturales y su justiciabilidad en el Derecho Mexicano.* México, Universidad Nacional Autónoma de México, 2010. (Instituto de Investigaciones Jurídicas; Serie Doctrina Jurídica, Núm. 540) 174 pp.

HERNÁNDEZ FORCADA, Ricardo y RIVAS SÁNCHEZ, Héctor Eloy. *El VIH/SIDA y los Derechos Humanos: Guía Básica para educadores en Derechos Humanos.* México, Letra S, 2006. 64 pp.

LÓPEZ CALERA, Nicolás. *¿Hay derechos colectivos? Individualidad y socialidad en la teoría de los derechos.* Barcelona, Editorial Ariel, 2000. (Ariel Derecho) 176 pp.

PERELMAN, Chaim. *La lógica jurídica y la nueva retórica.* Trad. Luis Diez-Picazo. Madrid, Editorial Civitas, 1979. (Col. Monografías) 250 pp.

MENDOZA ESCALANTE, Mijail. *Conflictos entre derechos fundamentales. Expresión, información y honor.* Lima, Palestra Editores, 2007. 528 pp.

MORESO I MATEOS, Joseph Joan. *Lógica, argumentación e interpretación en el derecho.* Barcelona, Editorial UOC, 2006. 172 pp.

RODRÍGUEZ CARRILLO, Silverio. *Juicio de amparo en materia agraria.* Prol. Guillermo I. Ortiz Mayagoitia. México, Editorial Porrúa, 2012. 146 pp.

VARIOS AUTORES. *Diccionario Jurídico Espasa.* Madrid, Fundación Tomás Moro-Espasa Calpe, 1993. 1010 pp.

VARIOS AUTORES. *Diccionario Jurídico Mexicano.* 3era Ed. México, Editorial Porrúa-Universidad Autónoma de México, Instituto de Investigaciones Jurídicas, 1989. 4 Vól.

VIEHWEG, Theodor. *Tópica y jurisprudencia.* Pról. Eduardo García de Enterría. Trad. Luis Díez-Picazo. 2ª Ed. Pamplona, Editorial Thomson-Civitas, 2007. 172 pp.

VITALE, Ermanno. *Derechos y razones. Lecciones de los clásicos y perspectivas contemporáneas.* México, Universidad Nacional Autónoma de México, 2007.

(Instituto de Investigaciones Jurídicas; Serie Estudios Jurídicos, Núm. 123) 172 pp.

Hemerografía

DORANTES DÍAZ, Francisco Javier. "Algunos argumentos jurídicos especiales. La analogía y la abducción. Los argumentos *a contrario* y *a fortiori*". En *Alegatos. Revista del Departamento de Derecho.* México, Universidad Autónoma Metropolitana - División de Ciencias Sociales y Humanidades, año 25, Número 79, septiembre-diciembre de 2011, pp. 721-740.

DORANTES DÍAZ, Francisco Javier. "La aplicación de principios del derecho en la Ley Federal de Protección al Consumidor. En *Alegatos. Revista del Departamento de Derecho.* México, Universidad Autónoma Metropolitana - División de Ciencias Sociales y Humanidades, Número 65, enero-abril de 2007, pp. 163-176.

NÚÑEZ PALACIOS, Susana. "La protección de los derechos sociales y su implementación en las sentencias de la Corte Interamericana". En *Alegatos. Revista del Departamento de Derecho.* México, Universidad Autónoma Metropolitana - División de Ciencias Sociales y Humanidades, año 25, Número 79, septiembre-diciembre de 2011, pp. 645-662.

PÉREZ MEZA, Marco Antonio y TRON PETIT, Jean Claude. "El Control de Convencionalidad en México". En *El Foro. Órgano de la Barra Mexicana, Colegio de Abogados, A.C.* Decimoctava Época, Tomo XXIV, Número 2, Segundo Semestre de 2011, pp. 343-362.

Normatividad

Pacto Internacional de Derechos, Económicos, Sociales y Culturales.

Convención Americana sobre Derechos Humanos.

Convenio 169 de la Organización Internacional del Trabajo.

Protocolo Adicional a la Convención Americana sobre Derechos Humanos en Materia de Derechos Económicos, Sociales y Culturales. "Protocolo de San Salvador".

Derechos de los pueblos indígenas y tribales sobre sus tierras ancestrales y recursos naturales. Normas y jurisprudencia del Sistema Interamericano de Derechos Humanos.

Constitución Política de los Estados Unidos Mexicanos.

Ley Agraria.

Ley de Aguas del Distrito Federal.

Ley Orgánica de los Tribunales Agrarios.

Los 3 imprescindibles para el desarrollo sostenible de los estados: distribución, seguridad jurídica y uso sustentable de la tierra

CUITLÁHUAC LÓPEZ FLORES

Dos temas reiterativos en este siglo XXI que preocupan y ocupan a la comunidad internacional es el "desarrollo sostenible" y la "sustentabilidad".

La Organización de las Naciones Unidas (ONU), señala que, "el desarrollo sostenible implica como debemos vivir hoy si queremos un futuro mejor, ocupándose de las necesidades presentes sin comprometer las oportunidades de las generaciones futuras"[1] .

La Ley General de Equilibrio Ecológico y la Protección al Ambiente (México)[2] define al desarrollo sustentable como "el proceso evaluable mediante criterios e indicadores del carácter ambiental, económico y social que tiende a mejorar la calidad de vida y la productividad de las personas, que se funda en medidas apropiadas de preservación de equilibrio ecológico, protección al ambiente y aprovechamiento de recursos naturales, de manera que no se comprometa la satisfacción de las generaciones futuras"; de manera práctica y coloquial, se ha sostenido que, sustentabilidad es la capacidad de un sistema productivo que logra satisfacer y preservar indefinidamente un beneficio ambiental, social y económico.

El 20 de julio de 2013, la asamblea general de la ONU, en la Declaración de los Derechos de los Campesinos reconoce que, en el Pacto Internacional de Derechos Económicos, Sociales y Culturales,

---

1 https://www.un.org/sustainabledevelopment/es/2023/08/what-is-sustainable-development/#:~:text=El%20desarrollo%20sostenible%20implica%20cómo,por%20un%20mundo%20más%20sostenible.

2 Artículo 3, fracción XI.

los Estados se propusieron adoptar las medidas necesarias para asegurar el cumplimiento del derecho a un nivel de vida adecuado, incluyendo el derecho a la alimentación y el derecho fundamental a la protección contra el hambre mediante el perfeccionamiento o la reforma a los regímenes agrarios, para ello, en su artículo 4 reconoce los derechos de los campesinos a la tierra y al territorio, destacando el derecho a: (i) beneficiarse de la reforma agraria; (ii) poseer tierras a título individual y colectivo, para su vivienda y sus cultivos; (iii) trabajar las tierras no utilizadas; (iv) una tenencia de tierras segura; (v) no proceder a ningún traslado sin el consentimiento libre, previo, informado.

Como parte de su agenda 2030, para lograr el desarrollo sostenible, la asamblea general de la ONU ha venido fijando como objetivos del milenio combatir el hambre, la pobreza y mantener la paz, como parte de sus metas a alcanzar destacan que todos los hombres y mujeres tengan acceso a la propiedad y el control de las tierras con seguridad jurídica para usarlas sustentablemente.

Desde la primera mitad del siglo pasado, el argentino Bernardino C. Horne, señala la importancia que tiene la distribución y el uso de la tierra para el bienestar de los países y sus habitantes: *"La tierra es el punto de partida. Su distribución, la forma en que se divide y explota repercute sobre la economía y organización de cada país. A ello se vincula la prosperidad o el bienestar de los habitantes y hasta su sistema político. La idea a través de los siglos está cavando la historia. La tierra es la base principal de la producción que da vida a los pueblos. De ahí que su régimen se vincule a las luchas sociales de todas las naciones en distintas épocas"* (Reformas Agrarias en América y Europa, Buenos Aires 1938).

De los procesos legislativos de la Ley Agraria de 1915 y de la Constitución Política de los Estados Unidos Mexicanos de 1917 se desprende que, legisladores y constituyentes analizaron las causas que originaron en México el hambre, la pobreza y los conflictos armados, concluyendo que, el latifundismo, la amortización y la incertidumbre en la tenencia de la tierra, traían como consecuencia que esas tierras no produjeran un verdadero beneficio social-económico a la población, por tanto, fueron los detonantes de aquellos males y, para combatirlos, el estado mexicano a través de leyes e instituciones, basado en las exigencias de los planes y manifiestos revolucionarios, garantizó la distribución de la tierra, su seguridad jurídica y su uso como un derecho social, por lo que, a partir de 1917 estos 3 elementos han sido considerados constitucionalmente como eje del desarrollo sostenible para el estado mexicano.

A partir de que México en 1917, incorporó a su Constitución la adecuada distribución de la tenencia de la tierra con seguridad jurídica para su uso colectivo o individual como una garantía social, diversos países del mundo han venido incorporándola a sus constituciones, siendo casi 100 años después, en 2013, cuando la asamblea general de la ONU la reconoce como un derecho universal en la Declaración de los Derechos de los Campesinos. Dicho sea de paso, a México se le reconoce mundialmente por 2 aportaciones jurídicas, la creación del juicio de amparo y por incorporar a su Constitución un modelo tripartito de derechos al crear los derechos sociales al lado de los tradicionalmente derechos públicos y privados.

La distribución, la seguridad jurídica y el uso sustentable de la tierra, no son derechos limitados a una territorialidad o a una temporalidad, son derechos universales con fundamento científico, que, desde el siglo pasado, de manera global e ininterrumpida han sido estudiados multidisciplinariamente desde aspectos sociales, ambientales, económicos y políticos, a pesar de ser un derecho global, México es país pionero en el tema, esa razón, que relacionándolo con lo rico de su historia, me obliga a vincular este artículo a la propiedad social regulada por el Derecho Agrario mexicano.

I. DISTRIBUCIÓN DE LA TIERRA

En 1910, los términos "desarrollo sostenible" y "sustentabilidad" estaban por encima de la mentalidad de la población mexicana que antes de la Revolución era de aproximadamente 15 millones de habitantes, no sabían cómo llamarles al hambre y a la pobreza con las que vivían, pero si sabían que las padecían y que, eran originadas porque para esa fecha ya se habían extinguido la mayor parte de las comunidades agrarias que existían en el país antes de la colonización española y, como consecuencia, el 100% de las tierras rústicas (54% del total del territorio nacional) se concentraban bajo la propiedad de un grupo menor al 5% del total de la población y que la única manera de conseguirlas era luchando de manera armada por ellas.

No es posible entender la esencia jurídica de la "distribución de la tenencia de la tierra" sin conocer cómo se originó, como se desarrolló y como se resolvió el problema agrario de México, para ello es indispensable remitirme brevemente a sus antecedentes históricos, jurídicos y sociales.

De acuerdo con la memoria histórica y siguiendo la línea del tiempo, hasta antes de la Revolución Mexicana había sido distribuida de la siguiente manera:

i. No he encontrado estadísticas precisas referentes al tiempo que transcurrió desde la época conocida como colonial, hasta previo a que México lograra su independencia, pero se encuentra documentado que, del total de la superficie territorial habitada en aquella época, la mayor parte era ocupada por grandes extensiones propiedad de extranjeros y de la iglesia, teniendo como consecuencia una acelerada disminución de las tierras que pertenecían a las comunidades indígenas, cuyos habitantes fueron tomados para el servicio de los terratenientes extranjeros.

ii. Posterior a que México fuera reconocido como país independiente y hasta la gesta revolucionaria de 1910, la propiedad eclesiástica y la de las comunidades indígenas habían disminuido significativamente, concentrándose en grandes latifundios propiedad de unos pocos hacendados.

Moisés González Navarro en su obra académica "La tenencia de la tierra en México", dice que, en 1910, el 54% del total de la superficie del territorio mexicano era ocupado por latifundios contra un 20% de propiedad privada y un 6% por comunidades, el restante era ocupada por tierras eriazas y tierras nacionales.

Según Lucio Mendieta y Núñez, en aquella época existían latifundios, propiedad de una sola persona con una superficie de hasta 2.5 millones de hectáreas, lo cual equivaldría a los territorios de Aguascalientes, Tlaxcala, Colima y Guerrero.

Luis Cabrera, autor de la Ley Agraria de 1915 y los constituyentes de 1917 al analizar las causas que originaron el hambre, la pobreza y las luchas armadas coincidieron en que, en aquella época la población vivía en una esclavitud de hecho al carecer de los derechos a la libertad, al empleo pleno, productivo y decente, a la seguridad social, a la vivienda, a la salud, a la educación escolarizada, todo ello ocasionado porque el sistema productivo de las tierras no satisfacía el beneficio social y económico de la población al estar concentradas en muy pocos propietarios, quienes ante la falta de necesidad, las mantenían eternamente bajo su dominio sin transmitirlas a terceras personas, traduciendo esto a un lenguaje jurídico, se puede argumentar que, en perjuicio de la población mayoritaria, ese sistema de distribución de la tenencia de la tierra vulneraba los ya entonces conocidos 3 derechos fundamentales de las personas, la vida, la libertad y la propiedad, entonces, la problemática y sus consecuencias estaban plenamente identificadas, los enemigos a vencer eran (1) el latifundismo sobre la tierra y (2) la amortización de las tierras, la solución a la problemática también estaba bien definida, era a través de iniciar y preservar una distribución de tierras, adecuada para que, pusiera fin al latifundismo y a la amortización de tierras.

Los legisladores sabían que, tanto la identificación de la problemática como la de su solución no fueron novedosas, estas ya habían sido identificadas y combatidas desde siglos atrás, se tiene conocimiento de que, después de haberse declarado la independencia de México, por decreto del 4 de enero de 1823 expedido por la Junta Nacional Instituyente se autorizó al gobierno a repartir tierras, pero al cabo de 20 años deberían venderse las 2/3 partes de esa extensión a fin de evitar el latifundismo y la amortización de tierras, quizá la ley de desamortización más conocida, es la del 25 de junio de 1856, que comúnmente llamamos "Ley Lerdo", desde 1821 hasta 1910 todas las leyes que se crearon para combatir el latifundismo y la amortización de tierras fueron contraproducentes, resultando ineficaces en la práctica por las condiciones que se vivían en el país donde más del 74% de la población era analfabeta sin saber leer ni escribir.

En ese sentido, la primera acción que tenía que realizar el estado mexicano para lograr el beneficio social-económico en favor de la población, estaba focalizada en distribuir adecuadamente la tenencia de la tierra, cuya superficie territorial de México en aquella época era de casi 200 millones de hectáreas, el desafío era, lograr transmitirla del propietario latifundista a la población y dar fin a ese latifundismo consistente en que el 54% del total del territorio nacional estaba bajo la propiedad del 5% del total de la población, esto parecía una verdadera locura, en aquel tiempo, había quien argumentaba que esto vulneraría el derecho de propiedad protegido por las leyes existentes.

La siguiente acción consistía en crear un sistema jurídico lo suficientemente fuerte y sólido mediante el cual se garantizará no tan solo el derecho a la adecuada distribución de la tenencia de la tierra que se llevaría aún en contra de la voluntad de su propietario, sino también que, para evitar la experiencia vivida en el pasado, garantizara el derecho a la seguridad jurídica de la tenencia de la tierra, esos 2 derechos se vieron materializados en la Ley Agraria de 1915, que en el año de 1917 fue elevada a la categoría constitucional fundada en el novedoso principio de superioridad del beneficio social de la tierra sobre el beneficio económico, ponderación que en la actualidad se mantiene vigente.

A partir de la aplicación de esos 2 ordenamientos jurídicos, se da nacimiento a la propiedad social, comenzando una reforma agraria basada en un inédito sistema de distribución de la tierra de nuestro país conocido como reparto agrario, el cual parte de fraccionar los latifundios y con ello fomentar la pequeña propiedad privada, reconocer y restituir la propiedad de las comunidades agrarias, dotar y ampliar de tierras a los ejidos y a los nuevos centros de población ejidal.

Otro aspecto que se desprende de la ley ordinaria de 1915 y la constitucional de 1917 es que, parte fundamental para evitar el latifundismo y la amortización de la tierra como garantía social es que, la distribución de la tierra debe ser evolutiva, adecuándola a las necesidades del lugar, de su propietario y de la época, para mantenerla siempre productiva en bien del interés general, esto implica que la tierra cambie de manos o se transmita cuantas veces sea necesario.

Las condiciones de la época post revolucionaria y las experiencias vividas previo a la revolución, obligó al estado mexicano a crear un régimen jurídico de la propiedad social con particularidades extremadamente proteccionistas sobre la tenencia de la tierra, de 1917 a 1992 la propiedad sobre la tierra recaía exclusivamente en el núcleo y esta no podía disponer de ella, entendiéndose el derecho a disponer como el derecho a transmitirla a terceros, el individuo agrario solo tenía el derecho de usufructo sobre la tierra, generalmente a través de parcelamientos de hecho y su derecho a transmitirlo estaba limitado a hacerlo post mortem a favor de su sucesión.

El legislador agrario, tuvo la prevención de que el recién creado régimen de propiedad social y sus particularidades proteccionistas no fueran obstáculo para amortizar esta clase de propiedad, sabía que la tierra, en determinado momento podía se susceptible de dar más beneficios en manos ajenas a los núcleo agrarios, por lo que siempre, basado en el principio del interés general, ha mantenido vigente la adecuada distribución de la tierra, en este periodo de 1917 a 1992 imperaba la voluntad suprema del titular del poder ejecutivo federal como máxima autoridad agraria, el distribuía la tierra a los núcleos agrarios a través de los repartos agrarios y solo él la redistribuía o volvía a distribuirla a través de la figura de la expropiación, esto es, a través de esta figura y en contra de la voluntad de los núcleos agrarios la transmitían para que con esa tierra se construyeran obras de beneficio público como presas, carreteras, aeropuertos, escuelas, hospitales, etc., aunque también se construían fraccionamientos, industrias privadas, comercios, etc., es cierto que se dieron abusos en el uso de esta figura al simular obras de interés público en beneficio de particulares, pero ello se justificaba ante las necesidades de: (1) mantener una medida proteccionista y, (2) utilizar la tierra de mayor y mejor manera para la generación de un beneficio de interés general.

En ese contexto, la naturaleza social-jurídica del derecho agrario mexicano es mantener con seguridad jurídica y de manera evolutiva la adecuada distribución de la tierra que ocupa nuestro territorio nacional, procurando siempre un beneficio de interés general y con ello, evitar que la tierra permanezca amortizada, como 2 elementos imprescindibles de la tierra para combatir el hambre, la pobreza y como medio de paz social.

Para 1991, el mapa de la distribución de la tenencia de la tierra en nuestro país había cambiado considerablemente, todas las estadísticas coinciden en que, la superficie territorial del país seguía manteniéndose en casi 200 millones de hectáreas, la propiedad ocupada por los latifundistas en 1910, más otros bienes propiedad de la nación habían pasado a propiedad de los núcleos agrarios, por tanto, la propiedad sujeta al régimen social ya ascendía a más de 100 millones de hectáreas, lo cual equivalía a más del 50% del total de la superficie total del territorio mexicano.

Para finales de 1991, el titular del poder ejecutivo federal en turno presentó una iniciativa de ley en la que se expone que, para esa época era injustificable e insostenible el antiguo sistema de distribución de las tierras a través del reparto agrario y del acto de la expropiación como única manera de acceder y disponer de la propiedad de las tierras sociales, por lo que, para una mayor productividad y seguridad jurídica de las tierras, en 1992 se modificó el artículo 27 constitucional para dar fin a los repartos agrarios y a que la tierra regulada por el derecho agrario se transmitiera únicamente a través del acto de expropiación, por tanto, a partir de ese momento, de manera histórica, la regla general sería que, la incorporación de las tierras al régimen de propiedad (social o privado) que más conviniera para su productividad y, el derecho para acceder y disponer sobre la propiedad social se regiría por el respeto a la autonomía de la voluntad de sus propietarios, sin más limitaciones que las previstas en la ley, protegiendo los intereses superiores de terceros, de los adultos mayores, de la mujer, de los discapacitados o de la niñez, de la federación, del estado o del municipio.

A partir de la reforma de 1992, la legislación en materia agraria reconoce explícitamente: (1) la personalidad de los núcleos agrarios, (2) la propiedad colectiva a favor del núcleo, (3) la propiedad del derecho de usufructo en favor de los individuos agrarios y, (4) el derecho a disponer de la propiedad colectiva a través de su asamblea y, (5) el derecho a disponer de los derechos individuales de usufructo a través de los sujetos agrarios.

La legislación agraria vigente desde 1992, establece varias formas en las que el núcleo propietario de la tierra social de manera voluntaria ejerce su derecho a disponer sobre la propiedad de sus tierras: (1) destinándolas expresamente como tierras de uso común transmitiendo el derecho de usufructo a favor de un grupo determinado de individuos agrarios, (2) transmitir la propiedad plena aportándola a sociedades mercantiles, (3) destinándolas como tierras de asentamiento humano transmitiendo la propiedad plena a favor de individuos agrarios, (4) destinándolas como tierras parceladas transmitiendo el derecho de usufructo a favor de individuos agrarios, (5) transmitiendo la propiedad plena de la parcela a favor del individuo agrario, (6) asignándolas con un destino especifico (UAIM, parcela escolar, parcela de la juventud, etc.), (7) separándola para servicios, transmitiendo la propiedad plena a favor de los gobiernos y, (8) a través de una expropiación concertada para utilidad pública.

Ante la opacidad de la Ley Agraria vigente, la Suprema Corte de Justicia de la Nación a través de sus criterios ha definido a las parcelas como "aquellas que han sido delimitadas por la asamblea con el objeto de constituir una porción terrenal individual, y respecto de los cuales los ejidatarios en términos de ley ejercen directamente sus derechos agrarios de aprovechamiento, uso y usufructo"; a las de tierras de uso común las clasifica: "(a) las que no son parcelas, (b) las que no son asentamiento humano y, (c) las clasificadas expresamente por la asamblea",[3] es conveniente agregar que, las tierras de uso común clasificadas en los apartados (a) y (b) se pueden distinguir por las siguientes particularidades: (i) no se asignan a un grupo específico al ser derechos colectivos inherentes a la calidad de ejidatario, (ii) no se amparan por un certificado individual, (iii) se acreditan con la simple vigencia de la calidad de ejidatario y, (iv) no se pueden transmitir en vida por el ejidatario, un ejemplo de estas tierras son las que no se han sujetado a un proceso de certificación; las clasificadas en el apartado (c) se distinguen de las otras 2 por tener las siguientes particularidades: (i) la asamblea las delimita, destina y las asigna para ser usufructuadas en común y pro indiviso por un grupo especifico de sujetos agrarios, (ii) pueden ser ejidatarios o avecindados ejidales a quienes se les asegura jurídicamente a través de un certificado sobre tierras de uso común expedido por el Registro Agrario Nacional, (iii) de acuerdo a la Ley Agraria pueden transmitirse en vida a favor de otros sujetos agrarios, por lo que haciendo un comparativo con las que regula el derecho civil, vienen a ser una especie de copropiedad; de esa clasificación terrenal se desprende que el efecto del destino es, establecer un procedimiento útil para materializar el derecho de poseer la tierra de manera individual o común, mas no se desprende indicio alguno de que el legislador haya tenido la intención de establecer un uso específico de su suelo.

Con su proceso legislativo se documenta que, la evolución histórica del marco jurídico agrario, contrario a lo que a simple vista

---

3 https://bj.scjn.gob.mx/doc/tesis/8fhyMHYBN_4klb4HXqeo/%22Tierras%20parceladas%22

pareciera, no dio fin a la adecuada distribución de la tenencia de la tierra ni de su naturaleza social-jurídica, sino que la mantiene vigente con el objetivo de reforzarla como base del desarrollo ambiental, social y económico del estado mexicano, haciéndola más justa para el propietario de la tierra y, alineándola a las condiciones de la realidad actual del país que para esa fecha ya presentaba una población considerablemente creciente en cuanto al número de habitantes, en la actualidad, se tiene registrada una por parte del INEGI una estadística de poblacional de aproximadamente 130 millones de habitantes.

II. SEGURIDAD JURÍDICA

Para que la adecuada distribución de la tenencia de la tierra tenga un efecto útil, debe ser reconocida por los demás y protegida por el estado, según la Organización de las Naciones Unidas para la Alimentación y la Agricultura (FAO), ese reconocimiento y protección es conocido como la seguridad jurídica de la tenencia,[4] en ese sentido, el derecho a la seguridad jurídica de la tenencia nace para reforzar a la adecuada distribución de la tenencia de la tierra.

La distribución de la tenencia de la tierra por más justa o adecuada que sea, si carece de seguridad jurídica, da nacimiento a lo que se conoce como irregularidad jurídica en la tenencia de la tierra, incrementando la problemática social, la pobreza, la desigualdad, la inseguridad y los conflictos.

La ONU sostiene que, un mayor nivel de seguridad en materia de tenencia de la tierra y propiedades puede contribuir de forma decisiva a lograr avances sociales y económicos en los entornos rural y urbano, apoyar la reducción de la pobreza e impulsar la igualdad entre los géneros y la paz y la seguridad.[5]

La fracción 5 del artículo 4 de la Declaración sobre los derechos de los campesinos y de otras personas que trabajan en las zonas ru-

---

4 https://www.fao.org/3/y4307s/y4307s05.htm#:~:text=La%20seguridad%20de%20la%20tenencia,protección%20frente%20a%20impugnaciones%20específicas.

5 https://www.un.org/ruleoflaw/es/thematic-areas/land-property-environment/land-and-property/

rales dispone que, los campesinos tienen derecho a una tenencia de tierras segura.

La FAO ha expresado que, la seguridad jurídica es un derecho que da nacimiento a otros derechos como a: (1) utilizar la tierra, (2) impedir que las personas no autorizadas la utilicen, (3) controlar como se va a utilizar la tierra, (4) obtener ingresos, (5) protegerla frente la expropiación, (6) enajenar sus derechos de manera total o parcial.

La legislación agraria vigente garantiza la seguridad jurídica de la tenencia de la tierra a través de:

i. El reglamento de la Ley Agraria en materia de certificación y titulación.
ii. La creación programas en materia de certificación y titulación de derechos ejidales.
iii. Del Registro Agrario Nacional depositario de la fe pública registral.
iv. La expedición de certificados y títulos.
v. El reconocimiento de la prescripción como medio reparador de vicios en la transmisión de derechos.

III. USO SUSTENTABLE DE LA TIERRA

La seguridad jurídica es un derecho global que tiene como alcance tener la certeza para saber quién puede utilizar la tierra y no es suficiente para utilizarla ilimitadamente, invariablemente hay que observar las limitaciones que fijan las leyes para preservar los derechos de terceros, en este tercer momento, es cuando nace el derecho de usar la tierra, posterior a la distribución y a la seguridad jurídica de la tenencia de la tierra, observándose y aplicándose los instrumentos y programas de planeación y ordenamiento ambiental y territorial para garantizar un desarrollo ambiental, social y económico.

No existe conflicto entre lo ambiental, lo social y económico, este es creado por los seres humanos al pretender utilizar la tierra en sistemas productivos incompatibles a la de la vocación de su suelo, por ello es importante que al momento de utilizar la tierra se haga de acuerdo con su vocación forestal, turística, agrícola, habitacional, etc.

En ese sentido, el derecho a la seguridad jurídica no se confronta con el derecho al ambiente sano, sino lo refuerza, así lo reconoce nuestra legislación ambiental, en el artículo 63 la Ley de Equilibrio Ecológico y Protección al Ambiente que dispone: "*Las áreas naturales protegidas establecidas por el Ejecutivo Federal podrán comprender, de manera parcial o total, predios sujetos a cualquier régimen de propiedad. El Ejecutivo Federal a través de las dependencias competentes, realizará la regularización de la tierra en las áreas naturales protegidas, con el objeto de dar seguridad jurídica a los propietarios y poseedores de los predios en ellas comprendidas...*".

Es necesario definir lo que se entiende constitucionalmente como "derecho de disponer" para separarlo del "derecho para usar" la tierra, siendo que, no obstante, algunos diccionarios los definen como términos sinónimos, de un análisis en proporción y adecuado a los procesos legislativos del artículo 27 de la Constitución de 1917, de su reforma de 1992 y de las diversas leyes agrarias que lo han reglamentado, se puede establecer que, en materia agraria, disponer y usar el suelo no son terminología sinónima, sino que se tratan de derechos y elementos diferentes de la tenencia de la tierra, de naturaleza y alcances distintos, son regulados por distintas ramas del derecho y, nacen en momentos distintos para encontrarse y reforzarse mutuamente.

Disponer es el derecho a transmitir los derechos colectivos sobre la tenencia de la tierra a través de su asamblea y, los individuales del sujeto agrario, el derecho a transmitirlos en vida o post mortem con los objetivos de distribuir la tierra y evitar su amortización.

El uso de la tenencia de la tierra es el utilizar su suelo para alguna actividad productiva, por ejemplo, para sembrar, para la industria, para el comercio, para infraestructura, para servicios, para el turismo, etc., al encontrarse regulado por instrumentos y programas de planeación y ordenamiento en materia urbana y ambiental para lograr el desarrollo sustentable, el uso o utilización del suelo agrario, escapa de la autonomía de la voluntad del propietario del derecho.

La legislación agraria como rama del derecho social, tiene por naturaleza, objetivo y alcance el regular la distribución y la seguridad jurídica sobre la tenencia de la tierra, en cambio no tiene por naturaleza, objetivo y alcance el instrumentar, regular, o autorizar el uso de ese suelo, ya que estas son facultades concurrentes de las autoridades, reguladas por el derecho público; además, expresamente se desprende del artículo 2 de la Ley Agraria que, el ejercicio de los derechos de propiedad a que se refiere la Ley Agraria, es regulado, instrumentado y autorizado por disposiciones del derecho público como la urbana y la ambiental. El ejercicio de los derechos de propiedad obedece a la utilización del suelo y no a la disposición sobre la tierra.

En la actualidad (2024), de acuerdo con las estadísticas del Registro Agrario Nacional: (1) del 100% de la superficie territorial del país, el 51% es ocupada por ejidos y comunidades agrarias y (2) solamente un aproximado al 5% del total de la población es propietaria del 100% del total de la propiedad social, esto es, aproximadamente 125 millones de habitantes carecen de tierras sociales para emplearlas productivamente, en porcentaje es casi igual al que detonó la revolución armada en 1910 y en cantidad, supera por aproximadamente 10 veces al número de habitantes comparándolo con el de aquel año, bajo esta realidad nacional, obliga al estado mexicano a satisfacer a muchos más habitantes con la misma superficie territorial, por lo que es imperante el distribuir entre toda la población, los beneficios ambientales, sociales y económicos que producen la tierra y que no se limiten a solo un 5% de la población, por ello, es de suma importancia mantener la eficacia de nuestra legislación agraria preservando como elementos imprescindibles: (1) la distribución, (2) la seguridad jurídica y (3) el uso sustentable de la tierra como base del desarrollo sostenible del estado que implica satisfacer las necesidades presentes sin comprometer las de futuras generaciones.

Desarrollo rural sustentable en México. La propiedad social y sus recursos

LEONEL PANTOJA VILLALOBOS

I. DESARROLLO SUSTENTABLE

El término comenzó a emplearse a partir de 1980, mediante la llamada Estrategia Mundial para la Conservación,[1] en donde la Unión Internacional para la Conservación de la Naturaleza (UICN), del Programa para las Naciones sobre Medio Ambiente, trata de conciliar el desarrollo con la conservación de los recursos naturales, creándose así el vocablo del Desarrollo Sustentable o Sostenido.

En 1987, la Comisión Mundial de Medio Ambiente y Desarrollo describe al Desarrollo Sustentable como "un desarrollo que satisface las necesidades del presente sin menoscabar la capacidad de las futuras generaciones de satisfacer sus propias necesidades."[2] En función de alcanzar objetivos orientados al cuidado, conservación y restauración al ambiente, así tenemos que los países deben mejorar sus políticas de protección del ambiente dirigidas a evitar la contaminación de los recursos, por su uso eficiente y conservación, bases de la economía, como el suelo, el agua y los bosques.

II. CONCEPTO DE DESARROLLO RURAL SUSTENTABLE

El Desarrollo Rural Sustentable es el conjunto de políticas, legislación e instituciones dirigidas a la administración y gestión de los

---

1 Unión Internacional para la Conservación de la Naturaleza (UINC), Programa De Las Naciones Unidas para el Desarrollo (PNUD), Fondo Mundial para la Naturaleza (WWF), *Cuidar la tierra: estrategia para el futuro de la vida*, Editorial Earthsman, Suiza, 1991, p. 1.

2 Organización de las Naciones Unidas, *Our commun future, from one earth to one world*, parte I sección 3, E.U.A. 1987. (traducción propia del autor).

recursos naturales, incluidos todos los elementos bióticos y abióticos de los ecosistemas, para su uso, aprovechamiento y conservación en las actividades agrícolas, ganaderas, forestales y pesqueras. Su finalidad es la efectiva protección del ambiente, en el ideal de un desarrollo sustentable, atendiendo con especial énfasis a las actividades agropecuarias. En este sentido, la sustentabilidad significa que las actividades del sector primario deberán ser viable económicamente, equitativo socialmente, vivible desde el punto de vista ambiental y además, en este caso, tecnológicamente accesible.

En el artículo 27 original de 1917 se plasmó una protección a los elementos naturales desde el punto de vista económico. Y en específico el segundo párrafo de la fracción XX del citado artículo, adicionado en 2011, es el que da fundamento al Desarrollo Rural Sustentable. El desarrollo rural sustentable en conjunto con el Desarrollo rural integral tendrá entre sus fines entre sus fines que el Estado garantice el bienestar de los campesinos y sus familias.

El marco jurídico del Desarrollo Rural Sustentable está conformado por la Ley de Desarrollo Rural Sustentable, publicada en 2001, donde en su artículo 3° fracción XIV plasma la definición legal de Desarrollo Rural Sustentable; complementan el marco jurídico la Ley Agraria, Ley de Aguas Nacionales, la Ley General del Equilibrio Ecológico y la Protección al Ambiente y la Ley General de Desarrollo Forestal Sustentable.

Una definición más actualizada indica que Desarrollo Sustentable "significa mejorar la calidad de vida humana sin rebasar la capacidad de carga de los ecosistemas que los sustentan."[3]

Una característica inherente a todas las definiciones sobre Desarrollo Sustentable es la equidad en el acceso a los recursos naturales y a los bienes sociales y económicos; no tan solo intra-generacional sino inter-generacional, es decir la equidad no debe tener limitaciones de espacio y de tiempo.

Podemos señalar que el Desarrollo Sustentable va más allá del simple avance del ser humano en sus procesos de producción, con-

---

3 Unión Internacional para la Conservación de La Naturaleza (UINC), Programa de las Naciones Unidas para el Desarrollo (PNUD), Fondo Mundial para la Naturaleza (WWF), *Cuidar la tierra: estrategia para el futuro de la vida,* op. cit., p. 5

sumo y bienestar para satisfacer sus necesidades, en éste se incluye el principio de solidaridad presente y futura para con nuestra especie.

En suma, el Desarrollo es un derecho, mientras que el Desarrollo Sustentable es el mecanismo, el instrumento para alcanzar ese Desarrollo, este último considerado un Derecho Humano.

III. BASES CONSTITUCIONALES

El objetivo de este apartado será desarrollar los principios constitucionales que rigen y forman parte de la gestión del Desarrollo Rural Sustentable, partiendo de las bases del artículo 27 respecto de la propiedad originaria, además de la competencia del Congreso de la Unión y la importancia de los municipios sobre la directriz de la planeación urbana y rural, sin menoscabo de la planeación democrática y las implicaciones dentro del marco del ordenamiento territorial.

Dicho lo anterior, es de explorado derecho que el artículo 27 de la Carta Magna consagra el principio de que la Nación tiene en todo momento la **propiedad originaria**, lo que implica que el dominio podrá ser transmitido a los particulares, constituyéndose la propiedad privada, sin menoscabo de que la nación podrá imponer las modalidades o limitaciones que dicte el interés público, cuyo ejemplo por antonomasia es la expropiación por causa de utilidad pública.

De la misma forma, siguiendo con el análisis del artículo constitucional en cuestión, la nación posee el dominio sobre el uso y aprovechamiento de los recursos naturales, cuya finalidad es su distribución equitativa de la riqueza y conservarlos. Lo anterior se realiza con la expedición de leyes específicas como el agua, los bosques, la biodiversidad, entre otros elementos.

En este mismo sentido, es relevante puntualizar que a la nación también le compete el dominio sobre, principalmente, los hidrocarburos, minerales y aguas nacionales, mismas que para su debido aprovechamiento serán otorgados mediante concesiones a los particulares o sociedades. En este aspecto, destacamos que México mantiene un **sistema de propiedad pública**, cuyo principal objetivo es cumplir con la finalidad del propio artículo plasmado en su redacción original en 1917: hacer una distribución equitativa de la riqueza y cuidad de su conservación.

Al tenor de estas ideas, cabe aludir lo establecido por la fracción XX del precepto constitucional que se estudia, cuya esencia la podríamos traducir en el **desarrollo rural integral**: el desarrollo económico y social del campo por medio de la utilización de sus recursos naturales. Esta circunstancia se encuentra reglamentada en la Ley de Desarrollo Rural Sustentable,[4] la cual considera, además de los aspectos económicos y sociales del campo, la base ambiental.

Así, la fracción XX del artículo 27 de la Carta Fundamental, en sus dos párrafos, dispone a la letra:

> El Estado promoverá las condiciones para el desarrollo rural integral, con el propósito de generar empleo y garantizar a la población campesina el bienestar y su participación e incorporación en el desarrollo nacional, y fomentará la actividad agropecuaria y forestal para el óptimo uso de la tierra, con obras de infraestructura, insumos, créditos, servicios de capacitación y asistencia técnica. Asimismo expedirá la legislación reglamentaria para planear y organizar la producción agropecuaria, su industrialización y comercialización, considerándolas de interés público.
>
> El desarrollo rural integral y sustentable a que se refiere el párrafo anterior, también tendrá entre sus fines que el Estado garantice el abasto suficiente y oportuno de los alimentos básicos que la ley establezca.

Por tanto, es importante subrayar que a través del ejercicio de propiedad y las modalidades que la Nación puede imponer, se regulan diferentes actividades socioeconómicas como los asentamientos humanos, las obras públicas, el equilibrio ecológico y los centros de población; actualmente a todo esto le hemos denominado **Ordenamiento Territorial**.

Aunado a lo anterior, otro principio que cimenta las bases del desarrollo rural sustentable es el contenido en la fracción VII del numeral 27 de la Ley Fundamental, cuyo objetivo en la redacción es dictar que la ley secundaria buscará proteger de forma integral las tierras, el aprovechamiento de los bosques, selvas y aguas.

Ahora bien, es insoslayable al desarrollo rural las **comunidades indígenas**, por lo que el multicitado artículo en estudio se interrelaciona principalmente con el 2° de la Carta Fundamental. Dicho artículo

---

4 Secretaría de Agricultura, Ganadería, Desarrollo Rural, Pesca y Alimentación, *Ley de Desarrollo Rural Sustentable*, Diario Oficial de la Federación, 07-12-2001.

reconoce y garantiza a los pueblos indígenas la libre determinación para conservar y mejorar su hábitat, para el acceso al uso y disfrute de los recursos de los grupos indígenas; sin embargo, el mismo artículo señala que estos derechos son limitados por las modalidades que puede dictar la Nación, por el respeto a los derechos de terceros constituidos en propiedad privada o social y por las determinaciones del Estado cuando una actividad sea considerada como área estratégica; lo anterior, deja limitado este derecho reconocido a los pueblos indígenas.

Concatenado con lo descrito, el artículo 27 constitucional también incluye la regulación sobre el aprovechamiento de las **tierras de uso común** de ejidos y comunidades, cuya administración y gestión se realiza con base en lo establecido por la Ley Agraria.[5] Cabe señalar que el primordial objetivo de esta ley es precisamente la gestión para el aprovechamiento de la propiedad social en beneficio de los sujetos agrarios, considerando todos los recursos que en esta convergen: naturales, económicos y humanos.

Por lo que hace al derecho agrario en conjunción con el **derecho ambiental**, es menester matizar que la actual redacción del quinto párrafo del artículo 4° del Pacto Federal contempla el derecho humano a un medio ambiente sano, cuestión que atrae dos principios: el primero, la obligación del Estado de garantizar este derecho, y el segundo, la responsabilidad para quien genere un daño o deterioro ambiental.

Otro artículo que guarda relación con este tema es el 26 constitucional, el cual instituye la **planeación democrática**, mismo que desemboca en el Plan Nacional de Desarrollo, estableciendo parámetros, objetivos y metas dentro de la Administración Pública Federal dentro del sexenio que corresponda.

Asimismo, el **Congreso de la Unión** también tiene injerencia en legislar acerca del tema en estudio, siendo las siguientes fracciones del dispositivo 73 constitucional las relacionadas con el Desarrollo Rural Sustentable: XXIX-D relativo al Plan Nacional de Desarrollo; XXIX-E, sobre leyes de orden económico, abasto y producción; XXIX-F, en

---

5 Secretaría de la Reforma Agraria, *Ley Agraria*, Diario Oficial de la Federación, 26-02-1992.

cuanto a leyes de promoción y regulación de la inversión extranjera; XXIX-G, referente al desarrollo sustentable; XXIX-L en lo concerniente a pesca y acuacultura, y XXIX-N, respecto a la regulación de las sociedades cooperativas.

A este respecto, consideramos imperioso señalar la trascendencia que tienen los **municipios** en la materia agraria. Esto es así porque el municipio es la base político administrativa primordial del federalismo mexicano. Así, el numeral 115 constitucional en su fracción V, dispone que los municipios, al ser la unidad básica de la administración pública, podrán participar en la formulación de planes de desarrollo regionales, por supuesto en estos incluyen lo económico y social; aún más importante es la facultad de formular, aprobar y administrar planes de desarrollo urbano municipal, dichos planes deberán incluir zonas urbanas y rurales, dentro de estas últimas los ejidos y comunidades agrarias; además sobre lo ambiental los municipios podrán participar en la elaboración y aplicación de los programas de ordenamiento ecológico.

En suma, el Desarrollo Rural Sustentable es **transversal y multidisciplinario** en su regulación y gestión. Desde la propia Constitución se establecen diversos principios que le dan estas características, que van desde el derecho de propiedad, derechos de los pueblos indígenas, derecho a un medio ambiente sano hasta el derecho a un desarrollo económico y social.

IV. FUNDAMENTO LEGAL

IV.1 Ley de Desarrollo Rural Sustentable

Decretada en el año 2001, siendo reglamentaria de la fracción XX del precepto 27 constitucional, esta legislación establece las bases y requerimientos de la **política de desarrollo económico y social** con la rectoría del Estado para el apoyo a las actividades agropecuarias en nuestro país.

Las disposiciones contenidas en este cuerpo legislativo son tendientes a la **promoción del desarrollo rural sustentable** nacional, propiciando un ambiente adecuado, además de garantizar la rectoría del Estado y su papel en el impulso de la equitativa distribución de la riqueza. Precisamente la sustentabilidad requiere de la preocupación, cuidado e impulso de las diferentes dimensiones que debe tener todo desarrollo: económico, social y ambiental.

El artículo 1° de la ley en comento establece como **interés público** el desarrollo rural sustentable que incluye la planeación y organización de la producción agropecuaria, su industrialización y comercialización, y de los demás bienes y servicios, y todas aquellas acciones encaminadas a la elevación de la calidad de la población rural, según lo previsto en el artículo 26 de la Carta Magna, para lo cual el Estado tendrá la participación que determina dicho ordenamiento, llevando a cabo su regulación y fomento en el marco de las libertades ciudadanas y obligaciones gubernamentales que establece la Carta Magna.

Esta ley resulta del proceso de **fortalecimiento y actualización** de la legislación para integrar a la regulación del aprovechamiento de recursos naturales y las actividades relacionadas con la base ambiental, teniendo como base las Actividades Agropecuarias: procesos productivos primarios basados en recursos naturales renovables: agricultura, ganadería, silvicultura, pesca y acuacultura.

El **objetivo** de esta legislación, plasmado en el ordinal 3° fracción XIV, es el mejoramiento integral del bienestar social de la población y de las actividades económicas en el territorio comprendido fuera de los núcleos considerados urbanos, asegurando la conservación permanente de los recursos naturales, la biodiversidad y los servicios ambientales de dichos territorios.

Las **bases** para el desarrollo de esta política se encuentran en el artículo 5°, partiendo que el desarrollo de programas, estrategias y acciones deberán tomarse en cuenta para su diseño e implementación. Esto se complementa con los principios generales para el desarrollo rural, señalados en el siguiente numeral, a saber: equidad social y género, integralidad, productividad y sustentabilidad; criterios que deberán ser considerados en toda actuación por parte del Estado, pero sobre todo de las instituciones encargadas de su cumplimiento.

Asimismo, dicha ley establece en el artículo 8° las acciones de gobierno encaminadas a impulsar y lograr el desarrollo rural sustentable, entre las más importantes resaltan: el impulso a las actividades del medio rural y el incremento de la inversión productiva De lo anterior se desprende que este artículo se dirige a la **dimensión económica** del desarrollo.

Ahora bien, es en el artículo 9° donde esta legislación desarrolla lo referente a la **dimensión social y cultural** del campo, y de aquellas personas que realizan su vida cotidiana en este territorio, que para efectos de esta ley son denominados agentes de la sociedad rural, que la misma legislación considera a aquellas personas físicas o morales de los sectores social y privado que integran a la sociedad rural. Por tanto, la realización de las acciones y estrategias por parte del Gobierno Federal deberá considerar los aspectos de disponibilidad y calidad de los recursos naturales y productivos como los de carácter social, económico, cultural y ambiental.

Cabe señalar que esta legislación, además de ser reglamentaria del artículo 27 de la Carta Magna, también se encuentra relacionada con sus artículos 25 y 26, como el de rectoría del estado para la realización de actividades de aprovechamiento de los recursos naturales y en lo referente al Plan Nacional de Desarrollo, del que derivaran los demás planes sectoriales y especiales en la materia; procurando hacer efectivo el derecho que toda persona tiene a un medio ambiente sano para su desarrollo y bienestar, contenido en el artículo 4°.

En términos generales, esta ley, como su título lo indica, sigue el **paradigma del Desarrollo Sustentable**, en este caso, aplicable a las actividades económicas realizadas en el campo, para las agropecuarias, así como las demás actividades inherentes. Se reitera la relevancia jurídica que tiene esta legislación, en virtud de regular y gestionar la política pública dirigida para apoyar al campo, la cual deberá considerar todas las dimensiones del desarrollo, no solo el económico, también el social y el ambiental.

IV.2 Ley Agraria

Ordenamiento publicado en el Diario Oficial de la Federación el 26 de febrero de 1992. Es reglamentaria del artículo 27 constitucional en materia agraria y, por consiguiente, norma la propiedad, en específico uno de los tipos de propiedad que existen en México: la **propiedad social**, la cual coexiste con la propiedad privada y la propiedad pública, desde la promulgación de nuestra Constitución en 1917.

Esta disposición reglamenta el derecho de la nación de regular, en **beneficio social**, el aprovechamiento de los elementos naturales susceptibles de apropiación, con objeto de cuidar de su conservación, por lo que se podrán dictar las medidas necesarias para establecer adecuadas provisiones, usos, reservas y destinos de tierras, aguas y bosques; para preservar y restaurar el equilibrio ecológico, muestra de lo anterior es lo señalado en el artículo 93 sobre la expropiación de los bienes ejidales y comunales por causas de utilidad pública. El aumento de recursos forestales que ofrezcan servicios ambientales, como lo es la captura de carbono, debe ser prioritario.

También, el artículo 59 del cuerpo normativo en estudio, señala que será nula la asignación de parcelas ejidales en selvas y bosques, manteniendo los principios de cuidado y preservación del ambiente, aun sobre los derechos de los sujetos agrarios.

En este sentido, reiteramos que el ejercicio de los derechos de propiedad social debe sujetarse a la regulación ambiental establecida en la Ley General del Equilibrio Ecológico y la Protección al Ambiente, legislación que será analizada con posterioridad, en virtud del interés que determinados recursos naturales representan para la sociedad, aunque tengan un dueño determinado.

De esta manera, la Ley Agraria contienen algunas disposiciones relacionadas con la preservación del equilibrio ecológico y conservación de recursos comprendidos en las Áreas Naturales Protegidas; sin embargo, creemos necesario una mejor interacción entre ambas legislaciones.

IV.3 Ley General del Equilibrio Ecológico y de Protección al Ambiente

Esta normatividad fue publicada en el Diario Oficial de la Federación el 28 de enero de 1988, es reglamentaria de las disposiciones de la Constitución Política que se refieren a la **preservación y restauración** del equilibrio ecológico, así como a la protección al ambiente, en el territorio nacional y las zonas sobre las que la nación ejerce su soberanía y jurisdicción.

Las disposiciones de esta ley tienen por **objeto** propiciar el desarrollo sustentable y establecer las bases para, entre otros, el aprovechamiento sustentable, la preservación y, en su caso, la restauración del suelo, el agua y los demás recursos naturales, de manera que sean compatibles la obtención de beneficios económicos y las actividades de la sociedad con la preservación de los ecosistemas. La sustentabilidad es la principal plataforma de esta legislación.

El artículo 3° de la ley marco ambiental define algunos términos relacionados con la materia como los son el desarrollo y el aprovechamiento sustentables, entre otros.

Además, establece los **criterios ecológicos** al igual que la Ley de Desarrollo Rural Sustentable, tal y como analizada anteriormente. Señala los principios aplicables que la autoridad ambiental deberá tomar en cuenta para su actuar, dado que en muchas ocasiones la administración de los bienes y servicios ambientales confluyen en el ámbito rural.

Otras definiciones señaladas en la ley ambiental se encaminan a las **actividades realizadas en el campo**, los bienes y servicios ambientales, ambos son beneficios que de algún modo forman parte de la vida de las personas que habitan, trabajan y aprovechan estos territorios, dado a que con ellos se alimenta, curan, recrean o producen otros bienes económicos que pueden comerciar.

Aunado a lo anterior, instruye instrumentos de política ambiental, entre los más importantes y relacionados con el tema que se analiza está la Planeación Ambiental y las Áreas Naturales Protegidas.

Los autores López Sela y Ferro Negrete al explicar la Planeación Ambiental establecen que según lo previsto en el artículo 3°, primer párrafo de la Ley de Planeación, por planeación nacional de desarrollo se entiende

> ...la ordenación racional y sistemática de acciones que, con base en el ejercicio de las atribuciones del Ejecutivo federal en materia de regulación y promoción de la actividad económica, social, política, cultural, de protección al ambiente y aprovechamiento racional de los recursos naturales, tiene como propósito la transformación de la realidad del país, de conformidad con las normas, principios y objetivos que la propia Constitución y la ley establecen.[6]

---

[6] López Sela, Pedro Luis y Ferro Negrete, Alejandro, *Derecho Ambiental*, Iure Editores, México, 2006, pp. 218 y 253.

Como se puede advertir, en esta ley se incorpora la protección al ambiente y el aprovechamiento racional de los recursos naturales como un camino para la transformación del país. Los mismos autores sobre **Política Ambiental** señalan que son varias las voces las cuales señalan que la formulación de la política y la legislación ambientales es una actividad que forma parte de la gestión ambiental. la política ambiental es necesaria en la gestión ambiental, por ello, la ley que se revisa tiene repercusión en el desarrollo de la gestión en nuestro país.

Por lo anterior, podemos señalar que las políticas ambientales deben estar directamente relacionadas con las demás políticas diseñadas por el poder ejecutivo para dirigir su actuación hacia una posible solución a los problemas ambientales comunes. Así, a través de la gestión ambiental, las políticas ambientales serán implementadas, para tomar decisiones dirigidas a solucionar los problemas ambientales específicos. Para que tenga éxito la política ambiental y su gestión deberán considerar a todos los componentes sociales, entre otros a la población, a la industria, al comercio, esto último entendido como **Planeación Ambiental**.

La en comento en su artículo 44 dispone que

> Las Áreas Naturales Protegidas son las zonas del territorio nacional y aquellas sobre las que la nación ejerce su soberanía y jurisdicción en donde los ambientes originales no han sido significativamente alterados por la actividad del ser humano o que requieren ser preservadas y restauradas.

En nuestro país, estas áreas de protección creadas por decreto presidencial no se encuentran deshabitadas del todo, en **esta habitan pueblos indígenas**, algunos constituidos en ejidos y comunidades, otros ejidos o comunidades fueron dotados, reconocidos o restituidos durante la Reforma Agraria, que fue de 1915 a 1992, además de propietarios privados y poseedores legítimos; todos ellos realizan actividades sociales y económicas en estos territorios, lo que resulta que en la convergencia de diversas legislaciones que regulan diferentes aspectos.

Cabe señalar que la Ley de Desarrollo Rural Sustentable establece en su artículo 175 la obligación para que el Gobierno Federal **instrumente mecanismos** para que estas poblaciones tengan acceso a apoyos económicos, en los términos que las leyes ambientales relacionadas lo indiquen —estas son la ley en comento, la Ley General de Vida Silvestre, la Ley General de Desarrollo Forestal Sustentable—, legislación encargada de regular de manera específica el acceso y aprovechamiento de los recursos naturales susceptibles de apropiación, entre estos la biodiversidad, entendiendo por esto, las poblaciones, especies y recursos genéticos.

Por último, los servicios ambientales, son reconocidos por su importancia ecológica, además de lo social, cultural y en ocasiones religiosa; como señalamos la Ley de Desarrollo Rural Sustentable prepondera lo económico, y dentro de este tema están el **pago por servicios ambientales**, cuya contratación también regula de manera transversal.

IV.4 Legislación complementaria

A lo largo de este análisis, ha quedado puntualizado que el tema en desarrollo es transversal y multidisciplinario en virtud de converger diversidad de ordenamientos jurídicos, por tanto, de instituciones. Así, en la siguiente tabla se detalla la legislación, aunque de forma enunciativa, el objetivo de la misma y la relación que guarda con el desarrollo rural.

Legislación	Objetivo	Relación con el Desarrollo Rural Sustentable
Ley General de Desarrollo Social	Cimentar la Política de Desarrollo Social del Gobierno Federal	Sustentabilidad como principio del desarrollo social
Ley General de Asentamientos Humanos, Ordenamiento Territorial y Desarrollo Urbano	Mejorar la calidad de vida de la población urbana y rural	Armonizar las relaciones entre las actividades de la ciudad y el campo, bajo el criterio de sustentabilidad.
Ley de Energía para el Campo	Criterios de aprovechamiento de energía	Uso de la energía en actividades agropecuarias
Ley General de Vida Silvestre	Protección y conservación de la fauna silvestre	Aprovechamiento y desarrollo sustentable de la fauna, con especial protección en ejemplares endémicos

Legislación	Objetivo	Relación con el Desarrollo Rural Sustentable
Ley General de Desarrollo Forestal Sustentable	Lograr el desarrollo de bienes y servicios ambientales, protegiendo, manteniendo y aumentando la biodiversidad generada en los recursos forestales	Políticas de manejo forestal en el desarrollo integral del territorio rural, bajo el criterio de sustentabilidad
Ley de Aguas Nacionales	Regulación de la explotación, uso y aprovechamiento del líquido vital	Impulso a los núcleos de población ejidal y comunidades agrarias y en el cuidado y conservación
Ley General de Cambio Climático	Transitar hacia una economía competitiva y con bajas emisiones de carbono	Sustentabilidad en el uso de recursos en territorio agrícola y diversas facultades a la SADER en materia de desarrollo agrario
Ley de Bioseguridad de Organismos Genéticamente Modificados	Regular las actividades de modificaciones genéticas sobre productos agrícolas	Vigilancia e impulso de acciones preventivas sobre recursos naturales contemplados en la Ley de Desarrollo Rural Sustentable
Ley de Promoción y Desarrollo de los Bioenergéticos	Promoción del uso de insumos para bioenergéticos, coadyuvando a la diversificación energética y desarrollo sustentable	Dicha promoción se realiza partiendo de actividades agropecuarias y forestales.
Ley de Educación	Materialización de los principios constitucionales en materia de educación	Extensión de los principios de la educación a los sectores sociales y económicos, incluyendo al campo y comunidades rurales

La importancia de lo anterior radica en que la materia rural permea en diversos ámbitos tanto de la legislación como de las propias instituciones, de ahí que la **transversalización** considere como un eje el desarrollo del campo, que, tal y como se advierte, no solo trastoca las circunstancias de los núcleos de población rural, sino abarca aspectos socioeconómicos y tecnológicos en el desenvolvimiento del campo mexicano.

V. INSTITUCIONALIZACIÓN DE LA POLÍTICA DE DESARROLLO RURAL SUSTENTABLE

V.1 Secretaria de Agricultura y Desarrollo Rural (SADER)

Esta secretaría es una dependencia del Poder Ejecutivo Federal, que tiene entre sus objetivos propiciar el ejercicio de una **política de apoyo** que permita producir mejor, aprovechar mejor las ventajas comparativas de nuestro sector agropecuario, integrar las actividades del medio rural a las cadenas productivas del resto de la economía, y estimular la colaboración de las organizaciones de productores con programas y proyectos propios, así como con las metas y objetivos propuestos, para el sector agropecuario, en el Plan Nacional de Desarrollo.

Los objetivos de la SADER derivan de las atribuciones que la **Ley Orgánica de la Administración Pública Federal** establece para esta, mismas que se enuncian en el artículo 35 de este ordenamiento, que junto con su reglamento interior forman el marco normativo para su organización y funcionamiento.

Así, el artículo 35 fracción I encarga a la secretaría la formulación, conducción y evaluación de la **política general de desarrollo rural**, a fin de elevar el nivel de vida de las personas que habitan el campo; aunque no de manera específica se refiere a un desarrollo, sí lo hace en la redacción de otras fracciones sobre recursos hídricos y forestales. Además, en su Reglamento interior reparte las facultades a su estructura administrativa, sin dejar de mencionar la ley reglamentaria en la materia, es decir, la LDRS.

V.2 Comisión Intersecretarial para el Desarrollo Rural Sustentable (CIDRS)

La LDRS establece en su artículo 10 la creación una Comisión Intersecretarial encargada de realizar trabajos que fortalecen la coordinación interinstitucional y el diseño de política, programas, monitoreo y ajuste de recursos dirigidos al progreso de las zonas rurales del país.

La CIDRS está conformada por diez instituciones del Gobierno Federal. Como señala el título que regula a dicha comisión, esta llevara la **coordinación del Desarrollo Rural Sustentable** que, de acuerdo con el artículo 20 de la LDRS, es la responsable de atender, difundir, coordinar y dar seguimiento a los programas sectoriales y especiales sobre la materia, y tendrá como principal atribución la de promover y coordinar acciones y la concertación de la asignación de responsabilidades a las dependencias federales, estatales y municipales.

La Comisión estará integrada por los titulares de las siguientes dependencias del Ejecutivo Federal: a) Secretaría de Agricultura y Desarrollo Rural cuyo titular la presidirá; b) Secretaría de Economía; c) Secretaría de Medio Ambiente y Recursos Naturales; d) Secretaría de Hacienda y Crédito Público; e) Secretaría de Comunicaciones y Transportes; f) Secretaría de Salud; g) Secretaría de Bienestar; h) Secretaría de Desarrollo Agrario, Territorial y Urbano; i) Secretaría de Educación Pública; j) Secretaría de Energía; y las dependencias y entidades del Poder Ejecutivo que se consideren necesarias, de acuerdo con los temas de que se trate.

De esta manera, su presidente puede convocar a las sesiones a otras dependencias o entidades del sector público, con la finalidad de informar de los asuntos que les competa.

El artículo 21 de la LDRS establece que la Comisión propondrá al Ejecutivo Federal las políticas y criterios para la formulación de programas y acciones de la Administración Pública Federal, además evaluará los programas sobre desarrollo rural sustentable. También someterá a la aprobación del ejecutivo federal nuevos programas de fomento agropecuario y de desarrollo rural sustentable para ser incluido en el nuevo proyecto de presupuesto de egresos.

Como es sabido, al tratarse de una **comisión intersecretarial**, sus acciones las realizará a través de las dependencias y entidades del Gobierno Federal, de acuerdo con lo señalado en la Ley Orgánica de la Administración Pública Federal y la Ley de Planeación.

Así, sus acciones se realizarán por **convenios de coordinación** con el sector público y de concertación con el sector privado y social, integrará sistemas y servicios especializados que se regirán por medio de lineamientos generales de operación determinados por la misma Comisión y el Consejo Mexicano para el Desarrollo Rural Sustentable, que será analizado en el siguiente apartado.

Es importante señalar que, con la participación de ocho secretarías y veintiséis organismos descentralizados, se instaló la CIDRS 2019-2024, en **julio de 2019**, cuya meta es realizar un trabajo coordinado en el sector rural que incluye la planeación, la producción, industrialización, comercialización y provisión de bienes y servicios necesarios.

V.3 Consejo Mexicano para el Desarrollo Rural Sustentable (CMDRS)

Esta es una entidad de consulta del Gobierno Federal, se trata de una **institución de servicio social** que representa los intereses de las personas que realizan sus actividades económicas en el campo, sectorizada a la SADER, por lo que además de regirse a lo establecido en la Ley Orgánica de la Administración Pública Federal, también seguirá lo señalado en el Reglamento Interior de la SADER, así como el Reglamento Interior del Consejo Mexicano para el Desarrollo Rural Sustentable.[7]

El Consejo es integrado con los integrantes de la CIDRS, además de representantes acreditados de las organizaciones nacionales del sector privado, social, rural, de las organizaciones nacionales del campo, relacionadas a las actividades de transformación y comercialización y los productores agropecuarios, los comités de los sistemas producto, así como de instituciones de educación e investigación y cumpliendo con el principios establecidos en la Ley, los representantes de los organismos no gubernamentales. Al igual que la CIDRS, este será presidido por el titular de la SADER.

Los representantes son convocados a las reuniones del Consejo considerando los temas que se analizan en cada reunión.

Como órgano de consulta, según lo establecido en el artículo 17 de la LDRS, el **asesorar** a la CIDRS o cualquier otra dependencia del Gobierno Federal que lo solicite, por lo que su principal función es emitir opiniones en conjunto con la CIDRS.

---

7 Secretaría de Agricultura, Ganadería, Desarrollo Rural, Pesca y Alimentación, *Reglamento Interior del Consejo mexicano para el Desarrollo Rural Sustentable*, DOF 14-jul-2008.

Cumpliendo con lo establecido en el artículo 18 de la ley en comento:

> ...el CMDRS trabaja a través de 6 comisiones; trabajo Legislativo, Programas Sectoriales y Presupuesto, Planeación, Comercio Nacional e Internacional, Igualdad de Género y No Discriminación, y de Seguimiento a las Acciones Apoyadas con Recursos del PEC. Todas ellas presididas por un Coordinador de organizaciones campesinas y un coordinador técnico.[8]

Asimismo, el Consejo apoya en la **promoción de la participación democrática** en el diseño de los programas de fomento agropecuario y de desarrollo rural sustentable de las personas que realizan actividades económicas en el campo, a nivel regional, estatal o municipal.

Es importante señalar que, para dar cumplimiento al proceso participativo señalado en la Ley, en el país se conformarán **Consejos para el Desarrollo Rural Sustentable** a nivel municipal, estatal y de Distrito de Desarrollo Rural, con la misma estructura establecida para el Consejo; para su funcionamiento deberán realizarse convenios de coordinación entre la Secretaría y las entidades federativas, las propuestas deberán ser presentadas a los Distritos de Desarrollo Rural para su gestión.

La LDRS, en su artículo 24, indica la posibilidad de conformar **consejos regionales** interestatales, considerando una región con características compartidas, o bien se encuentren una cuenca hidrológica.

Al igual que en el proceso de elaboración del Plan Nacional de Desarrollo en el que se considera la opinión de los ciudadanos desde el nivel municipal, en el caso de los consejos municipales, las opiniones vertidas son recogidas en el **Programa Especial Concurrente**.

Cabe señalar, que estos consejos deben estar cercanos también a los procesos participativos establecidos en la Ley de Aguas Nacionales.

El artículo 25 de la Ley señala que los representantes de las organizaciones sociales y privadas del sector rural que formen parte de los consejos estatales, municipales o distritales deben ser acreditados por la autoridad.

---

8 Cámara de Diputados-Centro de Estudios para el Desarrollo Rural Sustentable y la Soberanía Alimentaria, *Análisis sobre los efectos de los Consejos de Participación Social en el Desarrollo Rural*, 2019, p. 5.

El funcionamiento y organización de los consejos se basa en los estatutos orgánicos acordados entre el Gobierno Federal y entidades federativas, la cuales son expedidas por la Secretaría.

En la estructura de los Consejos podrán conformarse los comités consultivos alimentarios, a los que podrán integrarse expertos en los temas, su principal función es **apoyar con opinión** que los estos comités emiten; a su vez estas deberán ser presentadas ante el Consejo para desarrollar la política pública especifica en el tema alimentario.

V.4 Distritos para el Desarrollo Rural Sustentable

Previstos desde el artículo 29 de la LDRS, los Distritos son la **base de la organización territorial y administrativa del sector agrícola** para la implementación de las acciones que conforman el Programa Especial Concurrente y los programas sectoriales, los cuales se llevaran a cabo de manera coordinada con los gobiernos estatales y municipales, concertada con los representantes de los sectores privado y social del campo.

Estos promoverán la conformación de consejos municipales, así como para el diseño e implementación de programas concurrentes sobre la materia a nivel municipal.

La SADER es la encargada de crear los Distritos, los Consejos estatales, cumpliendo con su **función consultiva** puede opinar sobre la demarcación territorial y ubicación de los centros de apoyo, ajustándose a las cuencas hídricas; además, en los casos que se requiera, se debe tomar en consideración la composición étnica de la población, con el fin de favorecer el desarrollo de sus usos y costumbres.

El artículo 31 de la LDRS estable un listado de las acciones que los Distritos realizan, que de los que resalta y en su mayor parte son las de promoción, podemos señalar que su principal **función será la de intermediaria** entre las autoridades agrícolas y de desarrollo rural y los mecanismos de participación regionales y municipales, las preocupaciones, intereses e información de las personas del campo llegan a los Distritos y estos se encargan de dirigirlo a las instancias correspondiente, para su solución o para una mejor aplicación de la política en la materia.

V.5 Sistema Nacional de Información para el Desarrollo Rural Sustentable

La LDRS en su artículo 134 establece la obligación para el Gobierno Federal de **desarrollar un Sistema** con componentes económicos, de estadística del sector, de recursos naturales, tecnología, servicios del sector, en coordinación con los gobiernos estatales, con el objeto de proveer de información a productores y agentes económicos que participan en los procesos productivos, de transformación y comercialización en el campo, además de los servicios.

El Sistema se integra con **información internacional, nacional, estatal, municipal** y de distrito sobre aspectos económicos que implica todos los indicadores relacionados al proceso productivo, desde la oferta y la demanda hasta condiciones climatológicas. Además, incluye información del Sistema Nacional de Información Agraria y del Instituto Nacional de Estadística y Geografía, información que será pública para beneficio de las personas que realizan actividades productivas en el campo.

La SADER es la encargada de coordinar la información con las instituciones públicas que forman parte del sector y de los que no lo son, de todos los niveles de gobierno; además de la información generada por el sector privado y las organizaciones sociales, educativas y de investigación, lo que significa que además de la información económica recopilada también existe **información social y ambiental**, agregado la relativa a las áreas naturales protegidas y sobre los recursos hídricos.

Este sistema de información, en la medida de lo posible, define una **regionalización**, considerando los recursos económicos, sociales, culturales y naturales, efectuándose con base en una distritación de las áreas de desarrollo rural, por lo que una región puede comprender uno o más distritos, abarcando diferentes entidades y municipios.

El problema de la certeza jurídica en la adquisición de tierras agrarias

MARÍA CELIA FLORES SANTIAGO

I. INTRODUCCIÓN

Adquirir un inmueble puede ser una de las mayores inversiones que realicemos a lo largo de nuestra vida, ya sea que se trate de una inversión patrimonial como el comprar una casa habitación, una oficina o un local; o bien que se invierta o adquiera un inmueble para un desarrollo inmobiliario destinado a la construcción de edificios habitacionales, de oficinas, centros comerciales, hoteles, parques industriales; o inclusive para el desarrollo de actividades industriales como la minería, gasoductos, parques eólicos o proyectos de infraestructura como la construcción de carreteras, de aeropuertos, ferrovías, puertos, presas, entre otros.

La industria inmobiliaria, a través de las actividades secundarias y terciarias, contribuye en forma importante al Producto Interno Bruto (PIB). En el año 2023, la industria minera aportó el 1.4%, la generación, transmisión y comercialización de energía eléctrica y el suministro de agua y gas a través de ductos aportó el 3.7%; la industria de la construcción representó el 15.6% y dentro de las actividades terciarias, los servicios inmobiliarios y de alquiler de bienes e intangibles aportó el 1.9%[1]

También tiene repercusiones importantes en la inversión extranjera, según cifras de la Secretaría de Economía durante los meses de enero a septiembre de 2023, los 3 principales sectores que recibieron inversión extranjera directa (IED) fueron: Industrias Manufactureras (US$17,495 Millones), Servicios Financieros y de Seguros (US$7,222 Millones) y la Industria Minera (US$2,921 Millones)* Por su parte, el

1 Cifras obtenidas del INEGI. Comunicado de Prensa No. 131/24 del 22 de febrero de 2024, visible en el portal www.inegi.org.mx

sector de Servicios Inmobiliarios y alquiler de bienes muebles recibió US$210 Millones de inversión extranjera directa.[2]

Los estados en dónde se ha destinado la mayor parte de la inversión extranjera son: Nuevo León, Baja California, Chihuahua, Sonora, Ciudad de México y Estado de México.

Los especialistas consideran que esta tendencia se debe al nearshoring, ya que nuestro país ofrece una gama de oportunidades para los inversionistas que buscan la cercanía con Estados Unidos y una economía que se mantenga estable y que les permita tomar decisiones a largo plazo. Se espera que a corto o mediano plazo se puedan apreciar los beneficios de estas inversiones, reflejándose en el crecimiento de la economía de nuestro país, así como en la creación de fuentes de empleo directas y el mejoramiento de condiciones de vida.

Sin embargo, el éxito de estas inversiones y por lo tanto de la derrama económica depende de muchos factores entre ellos: la certeza jurídica sobre la tierra en la que se desarrollarán, la disponibilidad de recursos naturales, la consulta y el consentimiento de los propietarios de las tierras, entre otros.

En cualquiera de los casos, ya sea que se trate de una inversión patrimonial, un desarrollo inmobiliario o infraestructura, las operaciones con inmuebles representan una inversión importante, por lo que su afectación o pérdida puede tener graves efectos en el patrimonio del inversionista, así como en el desarrollo de las actividades económicas del país, por ello, es indispensable tener certeza jurídica en la tenencia y propiedad de la tierra.

En este ensayo nos enfocaremos en la propiedad social también conocida como tierras agrarias, que representan poco más de la mitad del territorio nacional y dentro de las cuales encontramos gran parte de los bosques, selvas y de los recursos naturales del país.

Además, la mayor parte de la población indígena se encuentra en tierras agrarias, por lo que, la propiedad, tenencia, uso y aprovechamiento de sus tierras se encuentran sujetas al cumplimiento estricto

---

2 Cifras publicadas en el portal de la Secretaría de Economía www.economia.gob.mx/datamexico

de la norma constitucional, la legislación agraria, así como de diversas normas, convenios y tratados internacionales.

Es indudable que el tema agrario tiene una vertiente social, económica y política muy importante, sin embargo, en este estudio me enfocaré en el punto de vista de la importancia de la certidumbre jurídica para la adquisición de inmuebles y en la inversión inmobiliaria.

II. ANTECEDENTES

El artículo 27 de la Constitución de 1917 estableció los lineamientos que sustentan el derecho agrario, al instituir la coexistencia de la propiedad particular y la propiedad social representada por ejidos y comunidades, la dotación y restitución de bosques, tierras y aguas, la desaparición del latifundio y la protección del sector campesino.

Cómo gran parte del texto constitucional, este artículo ha sufrido diversas modificaciones a lo largo de los años, sin embargo, sigue siendo la base para los diversos ordenamientos que rigen la propiedad y tenencia de la tierra, así como las limitaciones, modalidades y restricciones a dichos derechos.

En materia agraria, el artículo 17 Constitucional se reformó el 6 de enero de 1992 a fin de sentar las bases para la creación de la legislación agraria que nos rige actualmente y la creación de los Tribunales Agrarios.

La Ley Agraria se publicó en el Diario Oficial de la Federación el 26 de febrero de 1992, desde su expedición ha sufrido 17 reformas.

Con la expedición de la Ley Agraria se terminó el reparto agrario. El Estado ya no dota de tierras a los pobladores que lo soliciten y tampoco tiene facultades para restituir, reconocer y titular tierras a las comunidades, sin embargo, se establecieron en la Ley algunos mecanismos para constituir nuevos ejidos sin que, implique la dotación de tierras y para el reconocimiento y titulación a las comunidades, siendo los Tribunales Agrarios los encargados de resolver dichas solicitudes.

La conclusión del reparto agrario tuvo diversas razones, tal vez la más importante es que ya no había territorio que repartir. Al expedirse los decretos de dotación de tierras agrarias o las resoluciones en dónde se reconocía o se ordenaba la restitución de tierras a las comunidades, se dotaban o reconocían grandes extensiones de tierra que, al ejecutarse resultaban con errores en la medición en las colindancias y en la superficie, esto ocasionó diversos conflictos de límites entre ejidos y comunidades o con pequeños propietarios e incluso exacerbó los que ya existían por esta misma razón.

Los conflictos y controversias sobre la tenencia, reconocimiento y restitución de la tierra continúan, tan solo en el año 2022 los Tribunales Unitarios Agrarios dictaron más de 21,000 resoluciones, de las cuales 12,737 corresponden a conflictos por sucesión de derechos agrarios, 6,861 a controversias en materia agraria, 918 a conflictos derivados a la tenencia de la tierra, 199 sobre nulidades de actos de diversas autoridades, 7 sobre el reconocimiento del régimen comunal, 293 sobre restitución de tierras, bosques y agua; y 42 controversias por límites de terreno.[3]

Estas cifras nos muestran que a pesar de que la Ley Agraria y los Tribunales Agrarios tienen más 30 años de existencia, los conflictos y controversias sobre la propiedad y tenencia de la tierra son un problema actual y constituye el principal factor para la incertidumbre jurídica sobre la tierra que representa la mitad del territorio nacional.

Por lo anterior, en este trabajo trataremos de identificar los principales factores para la incertidumbre jurídica y propuestas de reducción de riesgos en la adquisición, uso y aprovechamiento de tierras agrarias.

III. TIERRAS AGRARIAS: EJIDOS Y COMUNIDADES

Conforme al Título Tercero de la Ley Agraria, las tierras agrarias se encuentran repartidas principalmente* en Ejidos y Comunidades.[4]

---

3 Informe del Tribunal Superior Agrario sobre la actividad de los Tribunales Unitarios Agrarios en el año 2022, publicada en la página www.transparencia.tribunalesagrarios.gob.mx

4 *Se dice principalmente, porque las Colonias Agrícolas y Ganaderas conservan una parte de tierras agrarias, aunque pueden adoptar el dominio pleno conforme a lo dispuesto en el artículo octavo transitorio de la Ley Agraria.

III.1 Tierras Ejidales

El artículo 9 de la Ley Agraria señala: "Los núcleos de población ejidales o ejidos tienen personalidad jurídica y patrimonio propio y son propietarios de las tierras que les han sido dotadas o de las que hubieren adquirido por cualquier otro título".

Conforme a los artículos 43 y 44 y 56 de la Ley Agraria, son tierras ejidales las que han sido dotadas al núcleo de población ejidal o incorporadas al régimen ejidal y por su destino se dividen en:

a) Tierras para el asentamiento humano;

b) Tierras de uso común; y

c) Tierras parceladas.

La asamblea, con las formalidades previstas en los artículos 24 a 28 y 31 de la Ley Agraria, podrá determinar el destino de las tierras que no estén formalmente parceladas, efectuar el parcelamiento de éstas, reconocer el parcelamiento económico o de hecho, incluso podrá regularizar la tenencia de los posesionarios o de quienes carezcan de los certificados correspondientes. Consecuentemente, podrá destinarlas al asentamiento humano, al uso común o parcelarlas.

Al delimitar las tierras al interior del ejido, la Asamblea deberá cumplir con las normas técnicas y con los planos que para tal efecto hayan realizado el RAN, el INEGI y las autoridades de desarrollo urbano competentes.

Las tierras ejidales podrán ser objeto de cualquier contrato de asociación o aprovechamiento celebrado por el núcleo de población ejidal, o por los ejidatarios titulares, según se trate de tierras de uso común o parceladas, respectivamente.

Los contratos que impliquen el uso de tierras ejidales por terceros tendrán una duración acorde al proyecto productivo correspondiente, no mayor a treinta años, prorrogables.

Además, los ejidos por resolución de la asamblea, y los ejidatarios en lo individual podrán otorgar en garantía el usufructo de las tierras de uso común y de las tierras parceladas, respectivamente. Esta garantía sólo podrán otorgarla en favor de instituciones de crédito o de aquellas personas con las que tengan relaciones de asociación o comerciales.

III.1.1 Tierras para el asentamiento humano

Las tierras destinadas al asentamiento humano integran el área necesaria para el desarrollo de la vida comunitaria del ejido, que está compuesta por los terrenos en que se ubique la zona de urbanización y su fundo legal.

Las tierras ejidales destinadas por la asamblea al asentamiento humano conforman el área irreductible del ejido y son inalienables, imprescriptibles e inembargables, cualquier acto que contravenga lo anterior, será nulo.

Sin embargo, el ejido podrá urbanizar y fraccionar parte de esas tierras, a los lotes resultantes se les denomina "Solares urbanos", conforme al artículo 68 de la Ley Agraria, los solares serán de propiedad plena de sus titulares. Todo ejidatario tendrá derecho a recibir gratuitamente un solar al constituirse la zona de urbanización.

La extensión del solar se determinará por la asamblea, con la participación del municipio y demás autoridades competentes, los planos y fraccionamiento se realizarán de conformidad con las leyes aplicables en materia de fraccionamientos y desarrollo urbano, atendiendo a las características, usos y costumbres de cada región. El plano aprobado por la misma asamblea se deberá inscribir en el Registro Agrario Nacional (RAN).

La asamblea, en la cual deberá estar presente un representante de la Procuraduría Agraria, es la encargada de asignar en forma equitativa los solares. El acta respectiva se inscribirá en el RAN y los certificados que éste expida de cada solar constituirán los títulos oficiales correspondientes.

Los solares serán asignados en primer lugar a los ejidatarios y una vez satisfechas las necesidades de los mismos, los solares excedentes podrán ser arrendados o enajenados por el núcleo de población ejidal a personas que deseen avecindarse o bien cuando ya esté constituida la zona de urbanización y los solares ya hubieren sido asignados, los títulos se expedirán en favor de sus legítimos poseedores.

La propiedad de los solares se acreditará con el título de propiedad que expida el RAN y los actos jurídicos subsecuentes serán regulados por el derecho común, por lo que también se deberán inscribir en el Registro Público de la Propiedad de la entidad correspondiente.

III.1.2 Tierras de uso común

Las tierras ejidales de uso común constituyen el sustento económico de la vida en comunidad del ejido y están conformadas por aquellas tierras que no hubieren sido destinadas para el asentamiento del núcleo de población, ni sean tierras parceladas.

La propiedad de las tierras de uso común es inalienable, imprescriptible e inembargable, salvo los casos previstos en el artículo 75 de la Ley Agraria.

El reglamento interno del ejido regulará el uso, aprovechamiento, acceso y conservación de las tierras de uso común, incluyendo los derechos y obligaciones de ejidatarios y avecindados respecto de dichas tierras.

Los derechos sobre las tierras de uso común se acreditan con el certificado que expida el RAN.

III.1.3 Tierras parceladas

El artículo 77 de la Ley Agraria, señala que corresponde a los ejidatarios el derecho de aprovechamiento, uso y usufructo de sus parcelas.

Los derechos de los ejidatarios sobre sus parcelas se acreditarán con los correspondientes certificados de derechos agrarios o certificados parcelarios expedidos por el RAN, los cuales tendrán los datos básicos de identificación de la parcela, también se podrá acreditar con la resolución correspondiente del Tribunal Unitario Agrario que hará las veces de certificado.

El ejidatario es el único que puede disponer de su parcela. El ejidatario puede aprovechar su parcela directamente o conceder a otros ejidatarios o terceros su uso o usufructo, mediante diversos contratos, tales como: Aparcería, mediería, asociación, arrendamiento o cualquier otro acto jurídico no prohibido por la Ley Agraria, sin necesidad de autorización de la asamblea o de cualquier autoridad.

Asimismo, podrá aportar sus derechos de usufructo para la formación de sociedades tanto mercantiles como civiles.

De la misma forma, los ejidatarios podrán enajenar sus derechos parcelarios a otros ejidatarios o avecindados del mismo núcleo de población.

Los certificados parcelarios o los certificados de derechos comunes, o ambos, según sea el caso, deberán inscribirse en el RAN.

III.2 Tierras comunales

Las tierras comunales son aquellas que fueron reconocidas y tituladas a un grupo de población que solicitaron el reconocimiento o restitución de las tierras que habían poseído desde tiempos inmemoriales y que les fueron otorgadas en algún título virreinal o primordial.

El reconocimiento puede darse a través de los procedimientos enlistados en el artículo 98 de la Ley Agraria:

a) Una acción agraria de restitución para las comunidades despojadas de su propiedad;
b) Un acto de jurisdicción voluntaria promovido por quienes guardan el estado comunal cuando no exista litigio en materia de posesión y propiedad comunal;
c) La resolución de un juicio promovido por quienes conserven el estado comunal cuando exista litigio u oposición de parte interesada respecto a la solicitud del núcleo; o
d) El procedimiento de conversión de ejido a comunidad.

El reconocimiento y titulación de bienes comunales se deberá inscribir en los registros Públicos de la Propiedad y en el RAN.

Con el reconocimiento de una comunidad se producen los siguientes efectos jurídicos:

a) La personalidad jurídica del núcleo de población y su propiedad sobre la tierra;
b) La existencia del Comisariado de Bienes Comunales como órgano de representación y gestión administrativa de la asamblea de comuneros en los términos que establezca el estatuto comunal y la costumbre;

c) La protección especial a las tierras comunales que las hace inalienables, imprescriptibles e inembargables, salvo que se aporten a una sociedad en los términos del artículo 100 de la ley; y
d) Los derechos y las obligaciones de los comuneros conforme a la Ley Agraria y el estatuto comunal.

El artículo 100 de la Ley, establece que la comunidad determinará el uso de sus tierras, su división en distintas porciones según las finalidades y la organización para el aprovechamiento de sus bienes. De este modo, podrá constituir sociedades civiles o mercantiles, asociarse con terceros, encargar la administración o ceder temporalmente el uso y disfrute de sus bienes para su mejor aprovechamiento, incluso podrá transmitir el dominio de áreas de uso común a dichas sociedades, cuando sea de manifiesta utilidad para el núcleo y siempre y cuando se aprobado por la Asamblea de formalidades especiales.

La propiedad y tenencia de la tierra se entiende como colectiva, por lo que, en los casos en que no exista asignación de parcelas individuales se presumirán iguales, mientras no se pruebe lo contrario. De la misma forma, mientras no exista controversia, se presumirá como legítima la asignación de parcelas existentes de hecho en la comunidad.

El comunero tendrá el uso y disfrute de su parcela, así como el derecho a cederla en favor de sus familiares y avecindados, sin embargo, la propiedad de la parcela continua siendo de la comunidad, por lo que al comunero sólo se le reconoce la posesión sobre la parcela en virtud del "parcelamiento de hecho". El comunero también tendrá derecho al aprovechamiento y beneficio de los bienes de uso común de la comunidad, en los términos que establezca el estatuto comunal.

IV. COMUNIDADES INDÍGENAS

Es común la creencia de que las comunidades agrarias son también comunidades indígenas, o que, los indígenas se encuentran dentro de alguna comunidad, lo cierto es que no todas las comunidades son indígenas ya que también existen ejidos y poblados de propiedad privada con población indígena.

En el caso de las comunidades agrarias que tengan población indígena el artículo 106 de la Ley Agraria establece que las tierras que corresponden a los grupos indígenas deberán ser protegidas por las autoridades, en los términos de la ley que reglamente el artículo 2 y el segundo párrafo de la fracción VII del artículo 27 constitucional.

Por lo que además de la protección especial que otorga la fracción III del artículo 99 de la Ley Agraria que las hace inalienables, imprescriptibles e inembargables, salvo que se aporten a una sociedad en los términos del artículo 100 de la misma Ley, se deberá considerar las disposiciones que para la protección, reconocimiento y preservación de sus derechos, tierras, usos y costumbres, se establecen en la Constitución, en los convenios y tratados internacionales.

Un ejemplo, es el procedimiento de Consulta previa libre e informada que prevé el Convenio No. 169 de la Organización Internacional del Trabajo (OIT) sobre pueblos indígenas y tribales que fue ratificado por México en el mes de septiembre de 1990, publicándose el Decreto promulgatorio en el Diario Oficial de la Federación el 24 de enero de 1991, por lo que este Convenio es vinculante para el Estado Mexicano.

En este convenio se prevé el derecho colectivo de un pueblo o comunidad indígena a ser consultado previamente sobre algún acto, proyecto o desarrollo que pueda afectarles, ya sea positiva o negativamente, en el ejercicio de sus derechos colectivos. La consulta tiene como finalidad informar a la comunidad acerca del proyecto y escuchar su opinión acerca del mismo.

> *"El Convenio núm. 169 tiene dos postulados básicos: el derecho de los pueblos indígenas a mantener y fortalecer sus culturas, formas de vida e instituciones propias, y su derecho a participar de manera efectiva en las decisiones que les afectan.*
>
> *El Convenio también garantiza el derecho de los pueblos indígenas y tribales a decidir sus propias prioridades en lo que atañe al proceso de desarrollo, en la medida en que éste afecte sus vidas, creencias, instituciones y bienestar espiritual y a las tierras que ocupan o utilizan de alguna manera, y de controlar, en la medida de lo posible, su propio desarrollo económico, social y cultural.*
>
> *Al ratificar un convenio de la OIT, un Estado miembro se compromete a adecuar la legislación nacional y a desarrollar las acciones pertinentes de acuerdo a las disposiciones contenidas en el Convenio. Asimismo, se compromete a informar periódicamente a los órganos de control de la OIT*

sobre la aplicación en la práctica y en la legislación de las disposiciones del Convenio y a responder a las preguntas, observaciones o sugerencias de esos órganos de control."[5]

V. ADQUISICIÓN, USO Y APROVECHAMIENTO DE TIERRAS AGRARIAS

Uno de las aportaciones más relevantes de la Ley Agraria promulgada en 1992 es que permite a los ejidatarios la adopción del dominio pleno sobre sus parcelas y la venta o transmisión a terceros, sujeto a ciertas formalidades en el caso de la primera transmisión.

También amplía los supuestos para el uso y aprovechamiento de las tierras agrarias, ya sea a través de la aportación de tierras de uso común a sociedades mercantiles y civiles o bien la celebración de contratos para el uso temporal de la tierra en el desarrollo y ejecución de proyectos.

En el caso de los ejidatarios, podrán aprovechar su parcela directamente o conceder a otros ejidatarios o terceros su uso o usufructo, mediante aparcería, mediería, asociación, arrendamiento o cualquier otro acto jurídico no prohibido por la ley, sin necesidad de autorización de la asamblea o de cualquier autoridad. Asimismo, podrá aportar sus derechos de usufructo a la formación de sociedades tanto mercantiles como civiles.

A continuación, describimos brevemente el procedimiento para llevar a cabo cada uno de los supuestos señalados:

a) Aportación de tierras de uso común a sociedades

Conforme a los artículos 75 y 100 de la Ley Agraria, los ejidos y comunidades pueden aportar el dominio de tierras o áreas de uso común a sociedades mercantiles o civiles en las que participen el ejido o los ejidatarios, cuando dicha transmisión sea de manifiesta utilidad para el ejido.

---

[5] Convenio Núm. 169 de la OIT sobre pueblos indígenas y tribales en países independientes. Declaración de las Naciones Unidas sobre los Derechos de los Pueblos Indígenas. Lima: OIT/Oficina Regional para América Latina y el Caribe, 2014. 130 p.

El procedimiento para realizar la aportación es el siguiente:

a) La aportación de las tierras deberá ser aprobada en una asamblea de formalidades especiales.

b) El proyecto de desarrollo y de escritura social respectivos serán sometidos a la opinión de la Procuraduría Agraria, la que habrá de analizar y pronunciarse sobre la certeza de la realización de la inversión proyectada, el aprovechamiento racional y sostenido de los recursos naturales y la equidad en los términos y condiciones que se propongan.

   La opinión deberá emitirse en un plazo de 30 días para que sea considerada en la asamblea. El núcleo agrario también puede valerse de servicios profesionales para la emisión de la opinión.

c) En la asamblea se determinará si las acciones o partes sociales de la sociedad corresponden al núcleo de población ejidal o a los ejidatarios individualmente considerados, de acuerdo con la proporción que les corresponda según sus derechos sobre las tierras aportadas.

d) El valor de suscripción de las acciones o partes sociales que correspondan al ejido o a los ejidatarios por la aportación de sus tierras, deberá ser cuando menos igual al precio de referencia que establezca la Comisión de Avalúos de Bienes Nacionales o cualquier institución de crédito.

e) Cuando participen socios ajenos al ejido o a la comunidad, tendrán el derecho irrenunciable de designar un comisario que informe directamente a la asamblea, este comisario tendrá las funciones y responsabilidad de vigilancia que la Ley General de Sociedades Mercantiles prevé para esta figura.

   Si el núcleo agrario o los ejidatarios o comuneros, según sea el caso, no designaren un comisario, la Procuraduría Agraria, bajo su responsabilidad, deberá hacerlo.

Las sociedades que reciban este tipo de tierras están sujetas a las restricciones que señala la Ley para las sociedades que tengan en propiedad tierras agrícolas, ganaderas y forestales, señaladas en los artículos 125 al 136 de la Ley Agraria, es decir, están sujetas entre otras, a los límites de la pequeña propiedad, el objeto social, la emisión de una serie especial de acciones (acciones serie T) y especificar claramente los derechos que tendrán los ejidatarios al realizar la aportación de tierras.

En caso de liquidación de la sociedad, el núcleo agrario y los ejidatarios o comuneros, de acuerdo a su participación en el capital social, tendrán preferencia respecto de los demás socios, para recibir tierra en pago de lo que les corresponda en el haber social.

b) Adopción de dominio pleno de Parcelas

La Ley Agraria en su artículo 81 establece que cuando la mayor parte de las parcelas de un ejido hayan sido delimitadas y asignadas a los ejidatarios en la Asamblea de Delimitación, Destino y Asignación de Tierras (ADDAT), la asamblea de formalidades especiales podrá aprobar que los ejidatarios adopten el dominio pleno sobre sus parcelas, es decir, el ejidatario podrá convertirse en propietario de su parcela.

Una vez que la Asamblea haya sido aprobada e inscrita en el RAN, el ejidatario interesado podrá solicitar a dicho Registro que su parcela sea desincorporada del régimen ejidal y se expida el título de propiedad respectivo. El título de propiedad deberá ser inscrito en el Registro Público de la Propiedad correspondiente, así como en el mismo RAN.

A partir de la cancelación de la inscripción en el RAN y de la expedición e inscripción del título de propiedad, la parcela de que se trate dejará de ser ejidal y quedará sujeta a las disposiciones del derecho común, por lo que el ejidatario podrá vender, subdividir, gravar o disponer de la forma en que mejor le convenga de su parcela.

La adopción del dominio pleno sobre alguna de las parcelas ejidales, no implica cambio alguno en la naturaleza jurídica de las demás tierras ejidales, ni significa que se altere el régimen legal, estatutario o de organización del ejido. De la misma forma, el ejidatario que adopte el dominio pleno de una o de todas sus parcelas no perderá la calidad de ejidatario mientras conserve derechos sobre las tierras de uso común del ejido.

La Ley Agraria en sus artículos 23, 24, 25, 26, 27, 28, 30 y 31 establece diversas formalidades de estricto cumplimiento para la adopción del dominio pleno de las parcelas, los cuales enlistamos a continuación:

- Las parcelas deben estar debidamente identificadas, deslindadas y asignadas en la Asamblea de Delimitación Destino y Asignación de Tierras (ADDAT) que se deberá llevar a cabo con las formalidades especiales que señala la ley.
- El acuerdo de aprobación de la adopción de dominio pleno se debe realizar en una asamblea cumpliendo con las formalidades especiales que señala la Ley Agraria.

Las formalidades especiales que se deben cumplir son:

- La convocatoria deberá realizarse por el Comisariado Ejidal con un mes de anticipación a la fecha de la asamblea. También puede ser convocada por el consejo de vigilancia, ya sea a iniciativa propia o si así lo solicitan al menos veinte ejidatarios o el veinte por ciento del total de ejidatarios que integren el núcleo de población ejidal.
- Al celebrarse la asamblea, deberán estar presentes los miembros del Comisariado Ejidal, del Consejo de Vigilancia, un representante de la Procuraduría Agraria, así como un fedatario público de la jurisdicción en dónde se localice el ejido.
- La asamblea será válida en primera convocatoria, cuando estén presentes por lo menos las 3/4 partes de los ejidatarios que aparezcan en el padrón del Ejido. Si el día señalado para la asamblea no se reunieran el quorum requerido para su validez, se expedirá de inmediato una segunda convocatoria. En este caso, la asamblea se celebrará en un plazo no menor a ocho ni mayor a treinta días contados a partir de la expedición de la segunda convocatoria.
- La asamblea será válida en segunda convocatoria, cuando estén presentes la mitad más uno del total de los ejidatarios del padrón del Ejido.
- La validez de los acuerdos, requiere el voto aprobatorio de 2/3 partes de los asistentes a la asamblea.
- El ejidatario no podrá ser representado por algún mandatario, deberá acudir personalmente.

El artículo 28 de la Ley Agraria señala que serán nulas las asambleas que se reúnan sin la presencia de un representante de la Procuraduría Agraria y un fedatario público de la jurisdicción del Ejido, así como si no se cumple con la forma y plazos establecidos para la convocatoria.

VI. ADOPCIÓN DE DOMINIO PLENO DE PARCELAS EN TIERRAS COMUNALES

Respecto a la adopción de dominio pleno de parcelas de una comunidad agraria, se ha debatido sobre si una comunidad está facultada para ello o es una prerrogativa exclusiva de los ejidatarios ya que el artículo 81 de la Ley se refiere únicamente a las parcelas de un ejido, de la forma siguiente:

> *"Artículo 81.- Cuando la mayor parte de las parcelas de un ejido hayan sido delimitadas y asignadas a los ejidatarios en los términos del artículo 56, la asamblea, con las formalidades previstas a tal efecto por los artículos 24 a 28 y 31 de esta ley, podrá resolver que los ejidatarios puedan a su vez adoptar el dominio pleno sobre dichas parcelas, cumpliendo lo previsto por esta ley."*

Los que defienden que los comuneros si pueden adoptar el dominio pleno de sus parcelas, una vez que éstas hayan sido identificadas y asignadas en una asamblea, sostienen su criterio en el artículo 107 de la Ley Agraria que establece:

> *"Artículo 107.- Son aplicables a las comunidades todas las disposiciones que para los ejidos prevé esta ley, en lo que no contravengan lo dispuesto en este Capítulo."*

Por lo que desde su punto de vista, este artículo otorga a los comuneros los mismos derechos que tienen los ejidatarios, ya que en los artículos 98 al 107 de la Ley Agraria que regula las comunidades agrarias, no se establece la prohibición a los comuneros de adoptar el dominio pleno, por lo que siguiendo el mismo procedimiento que en los ejidos, es decir, celebrando la asamblea de delimitación, destino y asignación de tierras y la asamblea en dónde se apruebe la adopción del dominio pleno, los comuneros también gozan de esta prerrogativa sobre sus parcelas.

En mi opinión, no es posible que las parcelas de una Comunidad Agraria sean objeto de adopción de dominio pleno, por los siguientes razonamientos:

El artículo 101 de la Ley Agraria, señala que la comunidad implica el estado individual de comunero y, en su caso, le permite a su titular el uso y disfrute de su parcela y la cesión de sus derechos sobre la misma en favor de sus familiares y avecindados, así como el aprovechamiento y beneficio de los bienes de uso común en los términos que establezca el estatuto comunal.

En este artículo se detallan los derechos que tiene un comunero al interior de la comunidad y respecto a su parcela, pero a diferencia de los ejidatarios, que pueden celebrar todo tipo de contratos con terceros para el uso y aprovechamiento de su parcela e incluso puede aportar sus derechos de usufructo a la formación de sociedades tanto mercantiles como civiles, el comunero sólo puede ceder sus derechos de uso y disfrute a favor de sus familiares y en su caso avecindados de la comunidad. Con esto, podemos deducir el efecto de la protección especial a las tierras comunales que las hace inalienables, imprescriptibles e inembargables, por lo tanto, no son objeto de adopción de dominio pleno.

Por su parte, el Artículo 104, permite que las comunidades que quieran adoptar el régimen ejidal podrán hacerlo a través de una asamblea de formalidades especiales. Con esto, es claro que un comunero no tiene la misma prerrogativa que un ejidatario y por lo tanto, para que pueda adoptar el dominio pleno sobre la parcela tiene que cambiarse el régimen legal de la comunidad y convertirse en ejido. Siendo así, ¿Cual es el objeto de convertirse en un ejido si tienen los mismos derechos sobre sus tierras?

Quizá el argumento más importante lo podemos dilucidar en la fracción III del artículo 99 de la Ley Agraria respecto a los efectos jurídicos del reconocimiento de la comunidad, que señala:

> *"**III.** La protección especial a las tierras comunales que las hace inalienables, imprescriptibles e inembargables, salvo que se aporten a una sociedad en los términos del artículo 100 de esta ley;"*

Las tierras comunales sólo perderán la protección especial que las hace inalienables, imprescriptibles e inembargables cuando por acuerdo de una asamblea de formalidades especiales, se transmita el dominio de áreas de uso común a sociedades civiles o mercantiles en las que participe, cuando dicha transmisión sea de manifiesta utilidad para el núcleo, es decir, el artículo establece el único supuestos para que las tierras comunales se puedan transmitir y pierdan la protección especial que les otorga la Ley.

Aunado a lo anterior, es necesario recordar que gran parte de las comunidades agrarias tienen población indígena y comparten usos y costumbres, dialecto y en general una cultura que se busca conservar, por ello es que al permitir la adopción del dominio pleno se pondría en riesgo la conservación y subsistencia de la cultura de esa comunidad.

Además, conforme a las estadísticas publicadas por el RAN, para el año 2017 había 5,570,480 parcelas certificadas, de las cuales sólo sobre 284,941 parcelas se había adoptado el dominio pleno, pero en dichas estadísticas no se encontró ninguna proveniente de alguna comunidad.[6]

Por lo antes expuesto, concluyo que sólo se puede adquirir el dominio pleno de las parcelas ejidales más no de las parcelas comunales, aún y cuando se encuentren delimitadas y asignadas, ya que continúan con la protección especial que las hace inalienables, imprescriptibles e inembargables.

VII. FACTORES DE RIESGO PARA LA CERTEZA JURÍDICA

Una vez que se ha descrito en forma general las particularidades de las tierras agrarias, así como las principales formas de adquisición de las mismas, procederé a exponer los que a mi consideración son los factores de riesgo más importantes en la certeza jurídica para la adquisición o inversión sobre inmuebles con origen agrario. Así, tenemos los siguientes: A) Distribución del territorio y conflictos sociales, B) Sistemas registrales y C) Formalidades en la celebración de actos jurídicos agrarios.

---

6 Ver Tabla. Cifras del Registro Agrario Nacional al año 2017, publicadas en el portal www.ran.gob.mx

VII.1 Distribución del territorio y conflictos sociales

Con la Revolución Mexicana comenzó el reparto agrario, algunas notas históricas refieren que el 30 de agosto de 1913 el general Lucio Blanco efectuó el primer reparto agrario de la Revolución constitucionalista, al entregar a 11 campesinos de Matamoros, Tamaulipas la hacienda "Los Borregos", propiedad de Félix Díaz. Algunos otras señalan que fue el general Emiliano Zapata quien el 30 de abril de 1912 hizo la primera restitución de tierras, aguas y montes, tal como estaba estipulado en el Plan de Ayala, en beneficio de los campesinos de Ixcamilpa, Puebla.

Aunque cabe decir que, dichos actos fueron anteriores a la promulgación de la Constitución de 1917 en la cual se instituyó por primera vez la propiedad social, lo cierto es que, a partir de la Revolución Mexicana cambió la distribución del territorio y los tipos de propiedad de la tierra.

Con la entrada en vigor de la Constitución de 1917 numerosos grupos de población, la mayoría campesinos, solicitaron al Estado que les dotaran de tierra para su subsistencia bajo el lema revolucionario "La tierra es de quien la trabaja", por lo que se comenzó con la división de los latifundios y el reparto de terrenos nacionales, sin embargo, al paso del tiempo y con el incremento de las demandas de dotación de tierra, el Estado afectó otras propiedades a fin de cumplir las demandas de los campesinos.

Una vez que una solicitud de dotación de tierra era aprobaba, el Ejecutivo Federal emitía un Decreto de Dotación de tierras al poblado solicitante, en este decreto se especificaba la superficie, la ubicación y los rumbos del polígono que se les otorgaba. También se señalaba cuáles eran las propiedades, superficies y propietarios afectados, finalmente se ordenaba poner en posesión de los campesinos las tierras otorgadas.

La mayoría de las dotaciones, de las restituciones o reconocimiento de tierras ancestrales contienen grandes extensiones de tierra, que por la época no eran deslindadas en forma exacta y se medían con aproximaciones, señalándose puntos de referencia o mojoneras para ubicar los límites de la superficie que se entregaba a los ejidatarios y comuneros, quienes a partir de la ejecución y levantamiento del acta de entrega y deslinde tomaban plena posesión de la tierra asumiéndose como titulares de la misma.

En muchos casos, las mojoneras que se señalaban en las actas de posesión y deslinde eran puntos de referencia en el mismo territorio, es decir, se señalaba un cerro, algún río, un lago, el límite de un bosque o selva, un camino, una carretera, la vía del ferrocarril, alguna construcción relevante o el nombre del titular de la propiedad colindante. Con el tiempo esto representó un problema debido a que el territorio cambió, los ríos se secaron o cambiaron su vertiente, el camino o la carretera desaparecieron, el bosque fue talado o simplemente la topografía del terreno cambió, con lo cual estos puntos de referencia se perdieron o cambiaron, sin embargo, en los planos y actas del núcleo agrario seguían dichas referencias.

Los cambios en estos puntos de referencia han provocado diversos conflictos agrarios y sociales ya que cada ejido y comunidad ha defendido la tierra que "considera" suya, llegando incluso a enfrentamientos armados. Si bien muchos de estos conflictos tienen una parte social y política muy compleja, lo cierto es que la mayoría tiene su origen en la posesión y tenencia de la tierra.

Aunque es verdad que se realizaban diversas consultas y estudios técnicos para atender el reclamo y dotación de tierras, aparte de las limitaciones en la tecnología, también se cometían errores por parte de las autoridades encargadas de ejecutar los decretos, ya que muchas veces al realizar la medición, no se excluían áreas que no podían ser objeto de afectación por ser áreas federales o bien no consideraban la superficie ya otorgada a otro núcleo agrario o que la propiedad privada contaba con un certificado de no afectación agraria, por ejemplo.

Por otro lado, si bien el decreto de dotación de tierras señalaba cual era la superficie que se afectaba de la propiedad privada, no se decía exactamente la ubicación de la misma, ni se describía la superficie, medidas y colindancias de la superficie restante, por lo que también existen errores en la superficie que conforma la propiedad privada. En muchos casos podemos encontrar traslapes con otros terrenos, apeos y deslindes que dan como resultado una mayor o menor superficie de la que consta en el título de propiedad, entre otros.

La distribución actual del territorio nacional se desprende de la reforma realizada al artículo 27 Constitucional del 6 de enero de 1992. En dicho artículo se establecen los lineamientos en materia de propiedad, las restricciones y modalidades a las que se encuentra sujeta, así como las bases para los ordenamientos en materia de desarrollo urbano, el cuidado al medio ambiente, entre otros.

En su párrafo primero señala: *"La propiedad de las tierras y aguas comprendidas dentro de los límites del territorio nacional, corresponden originariamente a la Nación, la cual ha tenido y tiene el derecho de trasmitir el dominio de ellas a los particulares, constituyendo la propiedad privada"*,

En el párrafo tercero: *"La nación tendrá en todo tiempo el derecho de imponer a la propiedad privada las modalidades que dicte el interés público, así como el de regular, en beneficio social, el aprovechamiento de los elementos naturales susceptibles de apropiación, con objeto de hacer una distribución equitativa de la riqueza pública, cuidar de su conservación, lograr el desarrollo equilibrado del país y el mejoramiento de las condiciones de vida de la población rural y urbana. En consecuencia, se dictarán las medidas necesarias para ordenar los asentamientos humanos y establecer adecuadas provisiones, usos, reservas y destinos de tierras, aguas y bosques, a efecto de ejecutar obras públicas y de planear y regular la fundación, conservación, mejoramiento y crecimiento de los centros de población; para preservar y restaurar el equilibrio ecológico; para el fraccionamiento de los latifundios; para disponer, en los términos de la ley reglamentaria, la organización y explotación colectiva de los ejidos y comunidades; para el desarrollo de la pequeña propiedad rural..."*

Del análisis de estos párrafos, podemos decir que el territorio nacional se encuentra distribuido en 3 tipos de propiedad: a) propiedad pública, b) propiedad privada y c) propiedad social o agraria. Aunque es necesario realizar una mención especial a los terrenos baldíos y nacionales que pertenecen a la Nación, pero no son bienes de propiedad pública y tampoco son tierras agrarias aunque se encuentren regulados en la Ley Agraria.

A fin de contextualizar porque la distribución del territorio es uno de los factores para la certidumbre jurídica, realizamos una breve explicación de los tipos de propiedad que existen en el país.

a) Propiedad pública. La propiedad pública, se refiere al derecho que tiene el Estado Mexicano (Federación, Estados, Municipios), sobre bienes que están sujetos a un régimen de derecho público. Por lo que hace a los bienes de la Federación, están regulados en la Ley General de Bienes Nacionales, y se encuentran inscritos en el Registro Público de la Propiedad Federal.

b) Propiedad privada. La propiedad privada, es el derecho que tiene cualquier persona para tener el dominio sobre un bien inmueble, está regulada en la legislación común de cada Estado, está sujeta a las limitaciones y modalidades que las leyes establezcan, por ejemplo, normas de desarrollo urbano y legislación sobre el medio ambiente. Se inscriben en los registros públicos de la propiedad o institutos registrales y catastrales de cada Estado.

c) Propiedad social o agraria. En este tipo de propiedad, la titularidad de las tierras pertenece a la colectividad, representa el 51% del territorio nacional y se encuentra distribuida en ejidos y comunidades que además poseen gran parte de los bosques y selvas del país. Los documentos que acreditan la constitución de un ejido, las resoluciones sobre reconocimiento y titulación de bienes comunales así como cualquier otro que esté relacionado con la materia agraria se inscriben en el Registro Agrario Nacional (RAN).

De acuerdo a las cifras oficiales del Registro Agrario Nacional, al año 2022, los Estados que tienen más núcleos agrarios son Oaxaca (750 comunidades y 855 ejidos), Chiapas (89 comunidades y 3,173 ejidos), Guerrero (197 comunidades y 1,058 ejidos), Veracruz (85 comunidades y 3,688 ejidos), Michoacán (123 comunidades y 1,762 ejidos), el Estado de México (183 comunidades y 1,068 ejidos) e incluso la Ciudad de México cuenta con 8 comunidades y 42 ejidos. Sólo hay 3 Estados que no tienen comunidades agrarias Baja California Sur (aunque si tiene 99 ejidos), Campeche (pero si tiene 386 ejidos) y Quintana Roo (pero tiene 284 ejidos).[7]

d) Terrenos Baldíos y Nacionales. Aunque no se trate de propiedad social, están regulados en los artículos 157 a 162 de la Ley Agraria y se encuentran inscritos en el Registro Agrario Nacional (RAN). Los terrenos baldíos son terrenos de la Nación que no han salido de su dominio por título legalmente expedido y que no han sido deslindados ni medidos. Los terrenos nacionales son: i) Los terrenos baldíos que han sido deslindados y medidos; y ii) Los terrenos que

---

7 Cifras obtenidas del portal del Registro Agrario Nacional www.ran.gob.mx

recobre la Nación por virtud de nulidad de los títulos que respecto de ellos se hubieren otorgado.

El hecho que el territorio nacional tenga una composición tan compleja en cuanto al tipo de propiedad, en sí ya es un factor de riesgo para la certidumbre jurídica, ya que, dependiendo de la ubicación del predio será el tipo de propiedad, de legislación aplicable y autoridad encargada de su registro y de aplicar la normatividad que corresponda.

El Instituto Nacional de Estadística Geografía e Informática (INEGI) ha realizado diversas cartas catastrales*[8] de cada uno de los Estados del país, en las mismas identifica las áreas y los porcentajes de tierras de propiedad social, propiedad privada y propiedad pública y aunque esta información es valiosa porque nos da un panorama sobre el tipo de propiedad que tiene un Estado, no cuenta con la identificación individual de cada uno de los predios.

Además, el INEGI elaboró dichos mapas y cartas catastrales con la información que tenía disponible, así como con la información y datos que le proporcionó el RAN y oficinas de catastro, sin embargo, la información está desfasada ya que en algunos casos la información del RAN es del año 2007 y la del INEGI es del año 2022, por lo que, la información no está actualizada y no puede tomarse como certera.

Aunque se ha estado trabajando en una plataforma nacional que permita la identificación de cada predio, aún no existe un sistema o una base de datos que tenga la información de los predios existentes en el país, mucho menos que nos proporcione información fidedigna acerca del propietario o titular de la tierra, los usos y destinos o restricciones de la misma.

En la década de los 70 se creó el organismo descentralizado de la Administración Pública Federal denominado Comisión para la regularización de la tenencia de la tierra (CORETT) que fue el encargado de regularizar la propiedad y tenencia de la tierra que se encontraba en manos de particulares pero que estaba dentro de tierras agrarias. Para ello, este organismo expropiaba la tierra a los núcleos agrarios y fraccionaba los asentamientos humanos, que ya existían, para

---

8 *Las cartas catastrales se pueden consultar en el portal: https://www.inegi.org.mx/temas/catastro/#descargas.

transmitir al posesionario la propiedad del lote que ocupaba. Esta transmisión se realizaba por medio de una compraventa, es decir, el posesionario compraba el lote y obtenía su título de propiedad. De esta manera se trató de regularizar en todo el país, los asentamientos humanos que se instalaron en tierras agrarias.

Este organismo coordinado por la Secretaría de Desarrollo Agrario Territorial y Urbano (SEDATU), se transformó en el año 2016 en el Instituto Nacional del Suelo Sustentable (INSUS) según decreto publicado el 16 de diciembre de 2016 en el Diario Oficial de la Federación. Este nuevo Instituto tiene entre sus tareas: **planear, diseñar, dirigir, promover, convenir y ejecutar programas, proyectos, estrategias, acciones, obras e inversiones relativos a la gestión y la regularización del suelo, conforme a los planes de desarrollo urbano y con sustentabilidad del medio ambiente, sin embargo, regularizar el territorio nacional parece una tarea imposible.**

En cada Estado se lleva un registro de los predios a través de la oficina catastral, sin embargo, la información que consta en sus archivos es proporcionada por el mismo contribuyente y en muchos casos, esa información es errónea y no corresponde a la realidad. Aunque hay Estados (como Quintana Roo, Guanajuato, Querétaro, Nuevo León, Ciudad de México) que cuentan con sistemas más avanzados para la medición e identificación de los predios, estos sistemas no se enfocan en verificar la titularidad de la tierra y si bien algunos comparten información con la oficina del registro público de la propiedad, ya que se han agrupado en un Instituto, la mayoría no comparte o verifica la información con la oficina registral, con el Registro Agrario Nacional o con el Registro Público Federal.

En lo que respecta a la propiedad agraria, en el año 1993 se creó el Programa de Certificación de Derechos Ejidales y Titulación de Solares (PROCEDE). El propósito del PROCEDE fue regularizar y dar seguridad en la tenencia de la tierra agraria mediante la expedición y entrega de los certificados y los títulos correspondientes.

El PROCEDE operó hasta el año 2006 cuando fue sustituido por el Fondo de Apoyo para Núcleos Agrarios sin Regularizar (FANAR). Este fondo entró en funciones en el año 2007 para concluir las operaciones del PROCEDE. Es operado de manera conjunta por el Registro Agrario Nacional (RAN) con la Procuraduría Agraria bajo la coordinación de la Secretaría de Desarrollo Agrario, Territorial y Urbano (SEDATU).

Al igual que el PROCEDE está orientado fundamentalmente a la medición y delimitación de los ejidos y comunidades, teniendo como finalidad principal dar certeza jurídica sobre la tenencia de la tierra agraria en México.

El FANAR se ha beneficiado del avance de la tecnología, a través del uso de servicios satelitales internacionales y con equipos geoespaciales, así como dispositivos GPS logra decodificar coordenadas de la geometría satelital que son traducidos en puntos geográficamente ubicados que precisan la posición de cada predio.

Con esos datos, el Registro Agrario Nacional efectúa la elaboración de planos y Mapas de alta precisión y confiabilidad. Toda esa información se integra en una base de datos geo-espacial que permite la medición exacta de los ejidos y comunidades.

Según cifras oficiales, "a través de ambos programas (PROCEDE y FANAR) se han expedido en México más de 10 millones de documentos agrarios de 1993 a la fecha, en beneficio de alrededor de 5 millones de sujetos agrarios y más de 30 mil núcleos ejidales de los 31 mil que existen en el país. De las más de 100 millones de hectáreas de propiedad social existentes en México, han sido regularizadas más de 91 millones".

Sin embargo, según estadísticas del RAN, al año 2022 queda una superficie de 306-99-49.887125 hectáreas sin certificar perteneciente a 1309 ejidos, la mayoría ubicados en Chiapas (462) y Veracruz (158) y de una superficie de 497-34-47.216917 hectáreas sin certificar que pertenece a 422 comunidades, la mayoría en los Estados de Oaxaca (179) y Estado de México (45).[9]

A pesar de que se cuenta con organismos y programas que están encargados de regularizar la tierra, tanto de propiedad privada como agraria, no existe una plataforma que consolide la información catastral, de registro público de la propiedad, del registro agrario nacional, del registro público federal, así como los planos y autorizaciones que otorgan las Secretarías de Desarrollo Urbano, que nos permita

---

9 Cifras visibles en el portal del Registro Agrario Nacional www.ran.gob.mx

ubicar e identificar cada uno de los predios en el país, nos deja en un estado de incertidumbre jurídica, ya que aunque el propietario o titular del inmueble cuente con el título de propiedad debidamente inscrito en la oficina registral, esto no es suficiente para tener certeza jurídica sobre la propiedad, su uso y aprovechamiento.

VII.2 Sistemas registrales

La función registral tiene como propósito dar certeza y seguridad jurídica, así como publicidad a los actos por medio de los cuales se transmite la propiedad de un inmueble.

Si bien la inscripción de los actos tiene efectos declarativos ya que en primer lugar se inscriben con la finalidad de tener un registro con las características y en su caso modificaciones que sufra la propiedad, así como de identificar a su propietario, el efecto principal consiste en dar publicidad a esos actos para ser oponibles o que surtan efectos contra terceros.

Gran parte de la legislación de los Estados sigue esta regla, sin embargo, la legislación del Estado de Quintana Roo contempla un supuesto diverso, el artículo 3159 del Código Civil prescribe que la transmisión de los inmuebles opera hasta que se realiza la inscripción en el Registro Público de la Propiedad, esto significa que la transmisión se perfecciona hasta que el acto por el cual se transmita dicha propiedad sea inscrito en el citado registro.

Este criterio ha sido controvertido, ya que pareciera un obstáculo al derecho de propiedad, sin embargo, la Suprema Corte de Justicia de la Nación se ha pronunciado en la tesis aislada Tesis: 1a. CXCVI/2017 (10a.) con registro digital: 2015732, que esta exigencia contribuye a la regularización de la tenencia de la tierra y tiene un carácter de interés social que es afín con el derecho de propiedad, además de que se logra tener mayor seguridad jurídica sobre la tenencia de la tierra.

Nuestro país tiene un sistema federalista, por lo tanto, cada entidad federativa tenía la facultad de expedir la legislación aplicable a la propiedad de los bienes inmuebles, así como a su inscripción y registro. Esta facultad se modificó con la reforma del 5 de febrero de 2017 al artículo 73 de la Constitución, para otorgarle al Congreso de la Unión facultades en materia de funcionamiento de los registros públicos inmobiliarios, por lo que se adicionó la siguiente fracción:

"XXIX-R. Para expedir las leyes generales que armonicen y homologuen la organización y el funcionamiento de los registros civiles, los registros públicos inmobiliarios y de personas morales de las entidades federativas y los catastros municipales;"

Con esta facultad se impulsó el proyecto de la Ley General para armonizar y homologar los Registros Públicos Inmobiliarios y de Personas Morales y Catastros y aunque se aprobó en la Cámara de Diputados desde el año 2021 se envió a revisión a la Cámara de Senadores, sin embargo, continua su discusión y aprobación.[10]

De esta forma, aún existen 32 sistemas para el registro de los bienes de propiedad privada, ya que cada Estado decide el tipo de sistema que utilizará para el Registro Público de la Propiedad, así como el número de oficinas en las cuales se realizará esta función. Así, existen entidades que tienen una oficina centralizada, como es el caso de los Estados de Aguascalientes, Ciudad de México, Colima, Morelos, Tlaxcala y Yucatán que tienen una sola oficina registral, por lo que sus servicios y criterios son uniformes.

Las 26 entidades restantes cuentan con diversas oficinas registrales, el número depende de la superficie del Estado así como del número de Municipios y de inmuebles que se encuentren dentro de cada distrito, por lo que, podemos encontrar en un mismo Estado, mucha disparidad entre el método para inscribir un acto (hay oficinas que inscriben los actos en libros físicos mientras que otras lo realizan a través del sistema de folios electrónicos) así como en los requisitos y criterios para la inscripción del acto, de tal forma que podemos encontrar criterios completamente contrarios, a pesar de que exista una sola ley registral.

Otro aspecto que nos ayuda a entender la importancia de la función registral como un instrumento para tener certeza jurídica, es que los registros son públicos, por lo que cualquiera pueda consultar

---

[10] El 15 de marzo de 2022 se publicó en el Diario Oficial de la Federación, los Lineamientos del Programa de Modernización de los Registros Públicos de la Propiedad y Catastros 2022, con los cuales se planea comenzar la implementación de la plataforma en dónde se agrupen todos los tipos de propiedad.

sus inscripciones y conocer si existe algún problema o riesgo con el inmueble de que se trate.

Al existir 3 tipos de propiedad en el territorio nacional, existen el mismo número de registros para la inscripción de los inmuebles dependiendo el tipo de propiedad, así tenemos que los inmuebles de propiedad federal y estatal se encuentran inscritos en el Registro Público Federal; los predios o actos relacionados con tierras agrarias deberán inscribirse en el Registro Agrario Nacional y los actos sobre inmuebles de propiedad privada se inscribirán en el registro público que le corresponda de acuerdo a su ubicación, sin embargo y aunque la legislación preve que se deberán compartir información entre ellos, no siempre sucede, por lo que, podemos encontrar que un inmueble sobre el cual ya se adoptó el dominio pleno y cuyo título de propiedad ya fue inscrito en el RAN por alguna omisión, no se encuentra en el Registro Público de la Propiedad, por ejemplo.

En los registros públicos de la propiedad privada es muy común encontrar anotaciones de embargos o juicios sobre el predio, sin embargo, esto no sucede con el RAN ya que en dicho registro no constan las anotaciones de juicios o controversias agrarias sobre alguna parcela o sobre las tierras del ejido.

Por lo anterior, es que podemos concluir que la función registral es un factor determinante para tener certeza jurídica sobre el derecho de propiedad de los inmuebles.

VII.3 Inobservancia de formalidades especiales en la celebración de actos jurídicos para la adquisición de tierras agrarias

A partir de la reforma al artículo 27 Constitucional del 6 de enero de 1992, es posible realizar diversas operaciones para adquirir la propiedad o tenencia en tierras sujetas al régimen agrario, sin embargo, es importante cumplir ciertas formalidades y restricciones al momento de planear y ejecutar la adquisición del inmueble, so pena de nulidad del acto.

La Ley Agraria publicada el 26 de febrero de 1992 trató de dejar atrás la visión de otorgar una porción de tierra al campesino únicamente para que éste la trabajara y pudiera subsistir con su familia, sin embargo, al no poder venderla, arrendarla, ni otorgarla en garantía las posibilidades de obtener algún crédito que le permitiera incrementar la cosecha o desarrollar algún tipo de proyecto productivo se reducían y dependían estrictamente de los programas de crédito del Gobierno.

Por lo que, en la Ley Agraria se estableció el derecho del ejidatario para celebrar todo tipo de contrato para el uso y aprovechamiento sobre su parcela, sin necesitar la aprobación de la asamblea, incluso puede enajenar los derechos parcelarios a otros miembros del ejido y por último, se le otorgó la posibilidad de adoptar el dominio pleno sobre su parcela para convertirse en propietario de la misma y disponer de la misma como cualquier propietario de propiedad privada.

En materia colectiva, se buscó incentivar la inversión en el campo y que los ejidos y comunidades y en consecuencia los ejidatarios, comuneros y posesionarios pudieran aprovechar de mejor manera las tierras, haciéndolas productivas, para ello pueden celebrar contratos para otorgar de manera temporal el uso y aprovechamiento de las tierras de uso común o bien, dependiendo de la utilidad para el núcleo agrario, pueden transmitir el dominio sobre porciones de las tierras de uso común a sociedades ya sean mercantiles o civiles para algún proyecto de desarrollo o inversión.

Sin embargo, todos estos actos están sujetos al cumplimiento estricto de los requisitos de formalidad que se establecen en la Ley Agraria.

Por ejemplo, en la aportación del dominio de tierras o áreas de uso común a sociedades mercantiles o civiles en las que participen el ejido o los ejidatarios, conforme a los artículos 75 y 100 de la Ley Agraria establecen las siguientes formalidades:

- Deberá acreditarse que la aportación es de manifiesta utilidad para el ejido.
- La aportación de las tierras deberá ser aprobada en una asamblea de formalidades especiales.
- Además, en la asamblea se determinará si las acciones o partes sociales de la sociedad corresponden al núcleo de población ejidal o a los ejidatarios individualmente considerados, de acuerdo con la proporción que les corresponda según sus derechos sobre las tierras aportadas, si no se especifica claramen-

te esta cuestión, algún ejidatario podría controvertir la validez de esta asamblea.

También se deberá establecer el valor de suscripción de las acciones o partes sociales que correspondan al ejido o a los ejidatarios por la aportación de sus tierras, en todo caso, el valor deberá ser cuando menos igual al precio de referencia que establezca la Comisión de Avalúos de Bienes Nacionales o cualquier institución de crédito.

– El proyecto a desarrollar y la escritura constitutiva de la sociedad deberán tener la opinión favorable de la Procuraduría Agraria, aunque la ley se refiere únicamente a una opinión de dicha autoridad, si resulta que determina que no hay certeza de la realización de la inversión proyectada, del aprovechamiento racional y sostenido de los recursos naturales y la equidad en los términos y condiciones que se propongan, el proyecto podría no ser aprobado por otras autoridades encargadas de otorgar permisos y autorizaciones para su desarrollo.

En el caso de la adopción de dominio pleno sobre parcelas, se deben cumplir con las formalidades que establece la Ley Agraria, pero no sólo en lo que se refiere al artículo 81 de la Ley, toda vez que las formalidades especiales que se deben cumplir para la asamblea de adopción de dominio pleno, también se deben haber cumplido en la asamblea de delimitación, destino y asignación de tierras (ADDAT) ya que si dicha asamblea se celebró con algún defecto o vicio, la asignación de la parcela sobre la que se pretende adoptar el dominio pleno puede estar en riesgo.

Asimismo, al realizar la primera transmisión de la parcela sobre la que se ha adoptado el dominio pleno se deben cumplir estrictamente las siguientes formalidades:

Cuando un ejidatario adopta el dominio pleno sobre su parcela, se ha desincorporado del régimen ejidal y se ha expedido e inscrito el título de propiedad correspondiente, la parcela se regirá con las reglas del derecho común, sin embargo, aun cuando la tierra deje de estar sujeta a las restricciones y protección de la Ley Agraria, se siguen aplicando reglas estrictas para la primera transmisión de la propiedad de la parcela.

El artículo 84 establece que en caso de la primera enajenación de parcelas sobre las que se hubiere adoptado el dominio pleno, los familiares del enajenante, las personas que hayan trabajado dichas parcelas por más de un año, los ejidatarios, los avecindados y el núcleo de población ejidal, en ese orden, gozarán del derecho del tanto, el cual deberán ejercer dentro de un término de 30 días naturales contados a partir de la notificación, a cuyo vencimiento caducará tal derecho. Si no se hiciere la notificación, la transmisión podrá ser anulada.

La notificación se realizará al comisariado, con la participación de dos testigos o ante fedatario público, surtiendo efectos de notificación personal a quienes gocen del derecho del tanto. El comisariado será el responsable de publicar de inmediato la relación de los bienes o derechos que se enajenan y de cuidar que dicho aviso se mantenga en los lugares más visibles del ejido durante los 30 días que tienen los interesados para ejercer el derecho del tanto.

En cuanto al valor de la parcela y los impuestos por la transmisión, el artículo 86 establece que la primera enajenación a personas ajenas al núcleo de población de parcelas sobre las que se hubiere adoptado el dominio pleno, será libre de impuestos o derechos federales para el enajenante y el precio deberá ser cuando menos al precio de referencia que establezca la Comisión de Avalúos de Bienes Nacionales o cualquier institución de crédito.

VIII. CONCLUSIONES

Visto todo lo anterior y a manera de conclusión, a continuación, dejó una lista de sugerencias y recomendaciones para disminuir los riesgos en la adquisición de tierras agrarias:

Ubicación del predio. Es tal vez, lo primero que se recomienda realizar cuando el predio colinda o se tiene la sospecha de que se encuentra en tierras agrarias, para ello, se tendrá que realizar un levantamiento topográfico y obtener un plano que nos permita conocer con coordenadas geo referenciadas o "cuadro de construcción" la superficie, medidas y colindancias del predio.

Además, se recomienda realizar una revisión en el RAN y solicitar las constancias correspondientes para tener la certeza de la ubicación del predio, si se encuentra dentro de tierras agrarias o si existe algún tipo de conflicto por límites.

Due Diligence. Realizar una investigación exhaustiva del tracto sucesivo del inmueble, a fin de encontrar y verificar el origen y la debida transmisión del predio, así como sus inscripciones en las oficinas registrales que correspondan.

Este ejercicio nos permitirá identificar, algún vicio en las transmisiones que se hayan realizado, tales como: errores en la identificación del inmueble, en las personas que intervinieron en su transmisión, alguna servidumbre, restricción o modalidad que no hubiere trascendido en el título actual pero se encuentra vigente, entre otros.

Cumplimiento estricto de formalidades especiales. Verificar que en las transmisiones del predio o de tierras agrarias se hayan cumplido con los requisitos y formalidades especiales que contemple la Ley para cada acto.

De esta forma, habrá que verificar que se hayan cumplido la forma y plazos para la realización y celebración de ciertos actos, como por ejemplo: la convocatoria debe contener el orden del día que se desahogará, la fecha y lugar de reunión, estar firmada por el Comisariado ejdial o de bienes comunales, según corresponda, publicarse con al menos 30 días de anticipación a la celebración de la asamblea. También se deberá convocar con esta anticipación al representante de la Procuraduría Agraria.

Respecto a la celebración de las asambleas, se deberá revisar que se hayan cumplido los quórums para la instalación y validez de los acuerdos tomados en ellas, así como la presencia de un representante de la Procuraduría Agraria, de un fedatario público y de los miembros del Comisariado Ejidal y del Consejo de Vigilancia.

En caso de las primeras transmisiones de parcelas sobre las que se haya adoptado el dominio pleno, es recomendable verificar o realizar las notificaciones del derecho del tanto a las personas que pudieran tenerlo, así como al Comisariado Ejidal, de ser posible utilizar los servicios del Notario Público de la adscripción que corresponda; respecto al aviso se recomienda describir la parcela, el titular, así como los términos de la transmisión, precio, forma de pago y plazo para su escrituración.

Formalización de los actos ante Notario Público e inscripción del acto. Los actos en dónde se transmita la propiedad de algún inmueble deben formalizarse en escritura pública otorgada ante Notario Público. Aunque la Ley se refiere a fedatario público, en mi opinión tratándose de bienes inmuebles y aún cuando la transmisión sea para un acto de comercio, no es posible celebrar el acto ante un corredor público.

Por último, para darle publicidad y que surta efectos contra terceros, habrá que inscribir la escritura en dónde se haya transmitido la propiedad o se hayan aportado tierras a una sociedad, con esto también se tendrá seguridad jurídica tanto sobre la propiedad de la tierra como a los núcleos agrarios sobre su participación en el proyecto.

Como se trató de exponer a lo largo de este trabajo, el tema de la certeza jurídica es muy complicado ya que influyen muchos factores y dadas las condiciones actuales siempre existirá algún riesgo en la adquisición o en la inversión en un inmueble, por ello, se insiste en la necesidad de contar con una plataforma en dónde se agrupen todos los inmuebles que forman parte del territorio nacional y que nos permita conocer el tipo de propiedad, la ubicación, superficie, usos, destinos y aprovechamientos de cada uno, considerando las restricciones en materia de desarrollo urbano y ambientales.

México 2024: realidad y promesa

J. EDUARDO TAPIA ZUCKERMANN[1]

"Menos altaneros —la verdad suele hacernos modestos—, ganaremos en serenidad y redescubriremos la satisfacción más noble, la del deber sinceramente cumplido al servicio de los demás. La República [francesa] también bicentenaria, merece este esfuerzo a guisa de homenaje."

- Kofi Yamgnane[2]

Nuestra república realizó una merecida pausa, hace un par de años, para conmemorar un aniversario significativo: su ingreso al grupo de naciones americanas que cruzó el umbral de los doscientos años[3] de vida republicana independiente, vista de manera optimista, al concluir su gesta de separación de la metrópoli española en septiembre de 1821. Es preciso, por ello, echar hoy una mirada y evaluar

---

1 Socio Administrador, desde 2008, de Tapia Zuckermann, S. C., Los Cabos, Baja California Sur; Licenciado en Derecho, Universidad Iberoamericana, 1997; Maestro en Derecho (*LL.M.*) *University of Texas at Austin, School of Law* 1999; miembro de la Barra Mexicana, Colegio de Abogados, A.C. desde octubre de 1999 y presidente fundador de su capítulo en Baja California Sur (2018); consejero (vocal) de la Barra Mexicana, Colegio de Abogados, A.C. en el bienio 2021-2023; consejero desde el 2023 de la Fundación Barra Mexicana, A.C.; miembro de la *American Bar Association* desde 2005 y miembro de la Barra de Abogados del Estado de Nueva York y de Washington, D.C., Estados Unidos de América (*New York Bar* y *Washington, D.C. Bar*), autorizado para ejercer la abogacía en dichas jurisdicciones desde 2014 y 2020, respectivamente.

2 *Derechos, Deberes y Cocodrilo,* Editorial Jus, México, 1995, pp. 178 y 179.

3 México forma parte del Grupo Bicentenario, una asociación conformada, además, por Argentina, Bolivia, Chile, Colombia, Ecuador, El Salvador, Paraguay y Venezuela que también conmemoraron hace diez años los doscientos años del inicio de su lucha independentista. Los demás países de la región que no forman parte del Grupo Bicentenario, cuya membresía está abierta a nuevas adhesiones e incluye, paradójicamente y como observador, a España, concluirán en el año 2026 sus festejos bicentenarios. Por cierto, Estados Unidos conmemoró doscientos años de libertad del yugo británico, después de siete años de lucha, hace exactamente treinta y siete años.

si México, en efecto, ha conformado su identidad nacional frente a sus raíces precolombinas y a la vez profundamente hispánicas o bien sigue en su camino por encontrar, reconocer y forjar su propia identidad.[4]

Recordemos brevemente lo que ha acontecido en México durante los últimos tres siglos: tres guerras (una de ellas sucia), dos intervenciones (una de ellas a petición de parte), dos imperios (uno efímeramente propio y otro extranjero) tres dictaduras (una de ellas perfecta), un periodo de reforma republicana, dos dolorosas revoluciones (una de ellas amplia y socialmente reconocida), una marcha al mar, diez devaluaciones de su moneda[5] (una de ellas defendida, sin éxito, caninamente), una supuesta renovación moral, una doble alternancia democrática, una caravana y tres marchas por la paz, dos pandemias, una todavía de reciente memoria, que tristemente trastocaron nuestra otrora vida tranquila societaria e impulsaron imaginaciones perversas y, finalmente, un cuarto intento transformador.[6]

Vemos que México si bien ha vivido intensamente también ha sufrido intensamente. Pertenece a una región —no exclusiva por supuesto— que ha conocido de cerca el fracaso y la derrota pero tam-

---

4 Recordamos aquí lo que plasmó don Jesús Silva-Herzog Flores en sus memorias, *A la Distancia, Recuerdos y Testimonios*, Editorial Océano, México, 2007, pp. 105 y 254, "[...] En el pabellón de México en la Exposición Internacional de Sevilla (1992) sobresalen, como signo distintivo dos equis grandes de 18 metros de altura. México es el ***único*** país en el mundo que lleva una x en su nombre y la "X" en la frente, como dijera Alfonso Reyes, tiene un simbolismo que ha dado lugar a muy diversas interpretaciones. Una de ellas resalta en la x el cruce de caminos, de culturas, el encuentro de dos mundos. Su base, clavada en la tierra, recibe la influencia de sus raíces profundas, de su historia; y las puntas, que miran al cielo, buscan el futuro y se orientan a los cuatro puntos cardinales [...]". Énfasis nuestro.

5 En relación con la moneda de curso legal estadounidense. A partir del imperio fugaz de don Agustín de Iturbide, el peso estuvo, por lo general, ligeramente arriba del dólar; es decir, a 0.97 centavos por un dólar hasta la época del General Porfirio Díaz, durante la cual se estableció la paridad de uno a uno. Al momento de escribir esto, mayo de 2020, la paridad se sitúa alrededor de 23.00 pesos por dólar sin tomar en cuenta el cambio que ocurrió en el año de 1993 con la introducción del Nuevo Peso y la eliminación de tres ceros a la moneda anterior. Así las cosas, hoy la paridad real aproximada es de 23,000 a 1.

6 No olvidamos, por supuesto, la olimpiada de 1968 y los mundiales de futbol de 1970 y 1986.

bién ha probado el éxito y el triunfo sobre todo con olor a petróleo. Ha nacido, ha crecido; se ha perdido y convulsionado; se ha hallado y se ha reinventado; ha muerto y ha resucitado.

El pequeño cuadro histórico que esbozamos nos ofrece una ventana a nuestro futuro. Sus dimensiones, transparencia y trascendencia dependerán invariablemente de la óptica individual del espectador; sin embargo, el mañana mexicano se antoja difícil pero no imposible, vigoroso pero fragmentado, plural pero no excluyente.

El futuro nos exige invariablemente sortear obstáculos, aparentes y ocultos y esquivar trampas que invitan a la procrastinación. Implica que limpiemos las ventanas de nuestra percepción personal y beneficiar con ello a la patria mediante renovados esfuerzos por hacer del suelo que nos vio nacer un auténtico semillero de sueños y no un sepulcro de honor sin guirnaldas de oliva ni laureles de victoria.

Al explorar, conocer, evaluar y sugerir la identidad nacional, ¿podremos superar, en palabras del antropólogo francés del siglo XX, Alfred Sauvy, el tercer mundo[7] que nos detiene y envuelve? La pregunta ciertamente invita a la reflexión. Comencemos.

I. PRIMERA PARTE

Hace ya más de cinco décadas, don Octavio Paz, en *Corriente Alterna*[8] señaló atinadamente que "la nación es la proyección del individuo" y sirve como nexo para su representación imaginaria. *¿Qué clase de individuos y, más específicamente, ciudadanos, estamos proyectando hoy en la representación nacional?* Vemos que todavía México se debate en discusiones anacrónicas entre el discurso liberal contrapuesto con el discurso de la revolución mexicana y la posición conservadora en conflicto perenne con la izquierda.[9] ¿Habrá terreno medio plausible entre progresistas y conservadores? ¿Entre chairos y fifís?

---

7 Alfred Sauvy, Revista *L'Observateur*, Francia, 14 de agosto de 1952, "[…] porque al final, este Tercer Mundo, ignorado, explotado y vilipendiado como el Tercer Estamento, también querrá llegar a ser algo […]" (traducción del autor).

8 Editorial Siglo XXI, México, 1967, p. 132.

9 Recordamos aquí, de manera análoga, lo escrito por Edward Moore Kennedy en su libro *America Back on Track* (Estados Unidos Reencarrilado, Viking Pen-

En este contexto, abrigo la esperanza franca de que las palabras del escritor Carlos Fuentes en *Agua Quemada*,[10] no continúen siendo proféticas. El país requiere de trabajo centrado, honrado y forzado para que su sociedad civil logren una unificación no sólo política, que desde hace más de cien años se logró por vía de la imposición y no del convencimiento sino una verdadera integridad cultural. En fin, México necesita consolidar su identidad nacional no en las letras sino en los corazones de los mexicanos.

Lejos estoy de proponer aquí que enarbolemos una bandera que resulta hoy trasnochada y demasiado deslavada. México, en consonancia con lo que expresó hace ya casi ocho décadas el escritor británico George Orwell,[11] no necesita de nacionalismos. Necesita de un patriotismo renovado y sincero. Si verdaderamente queremos evitar un descalabro mayor, más allá de no acudir a la siguiente cita olímpica o mundialista, con quinto partido incluido, debemos afianzar nuestra identidad, no sólo a través del conocimiento y afirmación de nuestro ilustre, aunque quizás trágico, pasado, inmediato y mediato, sino en el agitado, fascinante y —más importante— cambiable presente.

Hoy se analizan los grandes temas que nos aquejan. Hoy se presentan posibles soluciones y hoy se trabaja para lograr los objetivos trazados. Expliquémonos.

La discusión sobre la identidad nacional, después doscientos años que dejamos de ser un jugoso apéndice, al terminar nuestra guerra de independencia, de la península ibérica y que nuestros vecinos,

---

guin, Estados Unidos de América, 2006, p. 173) en el sentido de que la república mexicana, al igual que la estadounidense, desde el momento en que obtuvieron su independencia siempre han sido una obra en proceso. Contribuyamos a que la obra mexicana y su consecuente identidad perduren más allá de toda ideología política coyuntural.

10 "[...] Habrá aquí [México] una frontera, declara la voz, "una frontera que nadie derrotará. [...] Es una frontera que separa a un México "seco, inmutable, triste [...]" en Georgina García-Gutiérrez (compiladora), *Carlos Fuentes desde la Crítica*, Aguilar, Altea, Taurus y Alfaguara, México, 2001, p. 262.

11 Cfr. Eric Arthur Blair (más conocido por su pseudónimo orwelliano), en sus *Notes on Nationalism* (Anotaciones sobre el Nacionalismo), Reino Unido, Revista *Polemic*, octubre de 1945, opinó que el nacionalismo era más bien una actitud de defensa frente a otros defectos de las sociedades contemporáneas.

tanto norteños como sureños, nos reconocieron más como mexicanos que novohispanos, se debe centrar en lo que guardamos celosamente: nuestra promesa como país próspero y no sólo aguantador e ingenioso, plenamente exitoso sin adjetivos y mediocridades. Para ello debemos situarnos en nuestra realidad, pero concentrarnos, precisamente, en nuestro promisorio futuro.

No obstante que México está próximo a cumplir doscientos años en que concluyó su lucha autonómica bien podemos decir que su identidad fue forjada mucho antes de 1821. Siglos de inocencia salvaje, conforme la teoría de Rousseau,[12] y posteriormente sacrificios y dominación azteca para luego soportar trescientos años de maridaje español proporcionaron las semillas de nuestra mexicanidad. La etapa independiente ha permitido poner en práctica nuestro concepto de lo mexicano y ha servido de laboratorio para comprobar teorías nacionales y refutar mitos geniales (el de la pobreza extrema excluido) y hasta improbables cuartas transformaciones.

Desde pequeños se nos enseñó que la forma geográfica del país, sin contar obviamente la mutilación de la parte norte de nuestro territorio nacional producida durante las diversas guerras con los Estados Unidos suscitadas entre 1836 y 1848 —y sus subsecuentes compraventas forzosas— tiene la forma de una cornucopia o cuerno de la abundancia.[13] Espero que esto no sólo se quede en nuestras clases de geografía, sino que se traduzca en una vivencia cotidiana. ¿De qué sirve la forma sin el fondo?

México vive, sí pero ¿cómo? ¿Sobrevive en las galeras de las naciones por fallecer o se perfila, espero que antes de que concluya la primera mitad del presente siglo, como una nación integralmente exitosa? Entendido este concepto bajo una triple acepción: anglosajona, aborigen y oriental. Es preciso evaluar si México, dentro del

---

12 Cfr. Juan Jacobo Rousseau, en *El Contrato Social*, Editorial Porrúa (Colección Sepan Cuantos, número 113), México, 1987, sugirió que el hombre en su estado natural era feliz y fue por necesidad política que intercambió su libertad por cierto orden y protección de la autoridad, fuera ésta plasmada en un tlatoani, por decirlo en forma mesoamericana, un sacerdote peninsular, criollo o mestizo, o un estado paternalista medio moderno con un enaltecido presidente.

13 No confundir con el cuerno de chivo que triste y abundantemente se ha utilizado en nuestro país.

concierto de países, ha contribuido positivamente en el quehacer de otras naciones y a la humanidad entera, si ha compartido su riqueza con aquellas cuya posición o mentalidad derrotista no le ha permitido salir adelante o, de lo contrario, se ha encerrado dentro de un cascarón que impide crecer bajo un proteccionismo ilusorio o, peor aún, un intento de regreso al pasado estatista mediato. ¿El mundo necesita a México?

Al respecto, los gobiernos federales recientes, guindas, tricolores y azules, se han empeñado en producir números, estadísticas, cualquier equivalencia que los separe y diferencie de regímenes anteriores y justifique su gestión rayana en la mediocridad. Este enfoque no ha permitido que México levante cabeza y emprenda el vuelo pues no se puede seguir un rumbo sin tener, por ejemplo, en el Plan Nacional de Desarrollo elaborado sexenalmente al amparo de la Ley de Planeación[14] objetivos claros y módicos pero alcanzables. Las filosofías no deben tener cabida en los documentos que plasman, por lo menos oficialmente, el rumbo estatal de la nación. El discurso debe ser otro y el enfoque uno fresco, no atado a las censuras o sensacionalismos mediáticos y a los vaivenes de las contiendas políticas. Es mejor actuar que reaccionar.

La única estadística verdadera es la que refleja vivamente la situación de las familias mexicanas ante las crisis. Por ejemplo, ¿de qué sirve que el promedio educacional se eleve si aquellos que terminan sus carreras universitarias o estudios politécnicos son los primeros en faltarle el respeto a sus mayores, tirar basura en la vía pública —sea que se desplazan a pie o en automóvil—, molestar a sus vecinos y pensar primero en ellos que en los demás? ¿Me debo considerar como su igual? ¿Tenemos la misma identidad como connacionales y hemos asumido compromisos similares en torno a la identidad nacional?

---

14 Una reforma publicada el 13 de junio de 2003 a esta ley señaló demagógicamente en la fracción IV de su artículo primero, en donde se delinean los objetivos de la planeación nacional, que la misma contendrá "[...] bases para promover y garantizar la participación democrática de los diversos grupos sociales así como de los pueblos y comunidades indígenas, a través de sus representantes y autoridades, en la elaboración del Plan [Nacional de Desarrollo] y los programas a que se refiere esta Ley [...]". Después de diecisiete años vemos entrecortada la vivencia de esta disposición.

Por lo menos tres generaciones de mexicanos, la propia incluida, han estado marcadas por una reafirmación y consolidación de la identidad nacional frente a la embestida del vecino incómodo. Aquél país situado al norte del Río Bravo o Grande; es decir, bravo para los mexicanos que intentan cruzarlo y lo suficientemente grande como para fincar ahí la división cultural y lingüística que divide como una herida[15] buscó y en gran medida logró imponer su cultura —sí así se puede llamar a su interacción societaria— allende al río, la frontera más contrastante —y paradójicamente también la más transitada— del mundo.

Afortunada —o desafortunadamente— la preeminencia de los Estados Unidos no tendremos que sufrirla o invitarla perennemente.[16] Ahora que la Unión Europea y su moneda serán la fuerza dominante económica en el mundo[17] durante los próximos decenios, quizás podremos aprovechar los mexicanos la coyuntura y experimentar, si así le exigimos a nuestras mentes y nuestros cuerpos —nuestro espíritu ya lo sabe y no necesita de convencimiento— un genuino renacimiento de lo mexicano frente a propios y extraños.

Ser mexicano en el mundo bien podrá significar ser de vanguardia, honesto, preparado y no sólo ingenioso, tramposo[18] e improvisado como se nos ha caracterizado desde la segunda mitad del siglo XX. Reiteramos la interrogante que servirá de cauce secundario a este ensayo, ¿qué clase de individuos y, más específicamente, ciudadanos, estamos proyectando hoy en la representación nacional?[19]

---

15 Cfr. Marta Portal, véase Georgina García-Gutiérrez (compiladora), *op. cit.* p. 234.

16 Véase página 12.

17 Con la notable incógnita de China, aunque debido a sus contradicciones internas, principalmente por su inexistente democracia, quizás les tome más tiempo el ejercer un papel político más relevante, congruente y convincente en el mundo. Afortunadamente, la vida no consiste sólo en la obtención de dinero o el disfrute de bienes materiales sino en la feliz realización de los ideales propuestos y sueños trazados. ¿Qué ideales debemos buscar y qué sueños deberemos trazarnos los mexicanos?

18 Como penosamente lo demostró cierto "medio-maratonista" tabasqueño en Berlín, Alemania en septiembre de 2007.

19 Cfr. Carlos Monsiváis, *Entrada libre. Crónicas de la sociedad que se organiza*, Ediciones Era, México, 1987, p. 210. El referido autor señaló —espero de manera

La identidad nacional existe y aunque más adelante haremos un recorrido más extenso, tanto personal como comunitario, podemos aquí señalar, sin temor a equivocarnos, que somos un país guerrero, fundido en nuestras propias derrotas y en nuestra sagacidad para sobreponernos a ellas. Somos un país con recursos y extensión pero a la vez pobre y sin visión. ¿Podremos salir adelante? Tengo la certeza de que así será y, por lo pronto, confieso que no me interesa ser mediocre cuando está México en la balanza y en la encrucijada, presa actual de temores visibles e invisibles —como el narcotráfico, la influenza viral o el Covid-19. A la gran mayoría de mis coterráneos sé que tampoco les interesa pasar inadvertidos por el mundo sino que buscan trascender ante el complicado panorama actual.

Despertar de nuestro letargo, de nuestra ancestral apatía, significará que dejemos de proyectar en nuestro firmamento a dudosas luminarias que sólo logran irradiar sus propios fracasos, contradicciones y egoísmos. Rechazo, empero, la mediocridad y creo que a México tampoco le interesa buscarla; por ello, es preciso retomar el preciado legado que dejó la revolución mexicana como acto purificador de la identidad nacional.

Si nuestra mexicanidad podrá ser material de exportación, habremos de dilucidar si estamos convencidos en lo personal de que lo mexicano; es decir, la idea que tienen sus habitantes de la cultura que dentro de nuestro territorio hemos heredado pero, más importante, también hemos forjado. Entonces, insisto, ¿qué significa ser mexicano y ser portador de una identidad nacional distinta de otras que son completamente diferentes e incluso de aquellas que son similares por haber abrevado igualmente de la experiencia española en su historia?

El tema es muy sencillo: ser mexicano significa reconocer que el conjunto de valores culturales e ideas que engloba nuestra idiosincrasia son diferentes de cualesquier otro sistema cultural que existe en otra parte del mundo. No obstante, el hecho de que la identidad mexicana sea reconocida en lo personal no significa que la patria mexicana anide en otras personas que nacieron asimismo dentro del

irónica— que el ser mexicano implicaba ser irresponsable, macho, desobligado y tan valeroso como nuestra vocación de impunidad.

territorio nacional o sean hijos de padres mexicanos —o bien les haya tocado la fortuna de haber nacido abordo de alguna embarcación o aeronave nacional— en el mismo grado o siquiera con el mismo matiz, tonalidad, circunstancia, convicción y, finalmente, pasión.

Contestamos, entonces, la interrogante planteada líneas arriba: el mundo, en efecto, necesita de México, no como fuente de una historia riquísima sino de una fuente actual de poder político, económico y cultural.

El mundo requiere de las experiencias singulares por las que México ha atravesado para seguir madurando el proceso de fusión en el que está inmerso ya que ninguna otra nación sobre la faz de la tierra, sin temor a equivocarnos, está mejor asimilada con su situación y asimilada a su identidad que nuestro país.[20] Nuestra identidad congénita como nación es precisamente producto de una combinación única e irrepetible.

II. SEGUNDA PARTE

Si bien el tema en un primer acercamiento se antoja sencillo, la realidad mexicana y la identidad nacional son complejas. Un país, casa o familia dividida no llegará lejos y eso es lo que precisamente nos ha pasado y lo que puede seguirnos pasándose si nos empeñamos en continuar con nuestra concepción egoísta de lo que es y significa la patria, si patria, mexicana.[21] Nuestra identidad nacional servirá sólo en el plano del subconsciente y de los sueños si no logramos conciliar nuestras profundas divisiones.

A manera de ejemplo refiero a continuación algunas anécdotas electorales. Cuando concluye una jornada electoral en nuestro país

---

20 Hace noventa y cinco años, el filósofo y político mexicano, José Vasconcelos Calderón, indicó en su ensayo *La Raza Cósmica* que las características del pueblo latinoamericano sugerían que eran las más propicias para construir una nueva civilización. No descartamos del todo esta teoría.

21 Recordamos aquí las sabias palabras referentes a la lealtad patriótica del escritor francés Alfred de Musset: "Mi copa es chica, pero yo bebo de mi copa". Así, la noción de patriotismo se liga al amor del propio cielo y privativo terruño (Cfr. Agustín Aragón León, *Porfirio Díaz* (Estudio Histórico Filosófico), Editora Intercontinental, México, *c.* 1955, Tomo I, p. 259.)).

—sea municipal, estatal o federal— y se cierra el escrutinio de lo votos, en lugar de apoyar al ganador en la contienda electoral, ¿qué hacemos los mexicanos casi de forma automática? Impugnamos invariablemente la elección por tratarse de una elección de estado o porque no nos da la gana reconocer el triunfo opositor —todavía el ex-presidente Calderón espera la felicitación del ahora presidente López Obrador y Salinas la de Cárdenas.

Por años disfruté del poderío tricolor puesto que mis padres, abuelos y bisabuelos gozaron de las canonjías del poder; sin embargo, mi despertar político, allá por los años en que México quería tomar por asalto el concepto de Sauvy[22] y arribar, sin demoras y escalas, al primer mundo, significó reconocer que la fórmula de paz y estabilidad social, por lo menos en aquellos que no formaron parte de la familia porfirista o, posteriormente, revolucionaria, no alcanzaría para que la mayoría de mexicanos gozasen de algún tipo de progreso, sean en el plano económico, político o cultural y sería criminal exigir que el cambio provenga de personas que no conocen otra cosa que el acarreo y los abusos del poder público en su perjuicio.

Por tanto, en las primeras elecciones en que me tocó participar, la federal y presidencial de 1994 no voté por el candidato oficial, producto de un proceso de auscultación dudosamente democrático, sino por el hijo de un ex-presidente que desde la izquierda montaba un segundo de tres intentos por regresar a Los Pinos —hoy convertido en parque cultural— precisamente como inquilino con plenos derechos pues ya lo había sido como un infante revolucionario en 1934. Mi voto constituyó la opción menos reaccionaria aunque confieso que en mi círculo de amistades de la universidad jesuita a la que asistía en aquel entonces solamente una persona supo que la intención de mi voto no fue para un abogado de barbas crecidas y apodo —y genio— corto. Sobra decir que mi voto no triunfó y ya sabemos el resultado de esa votación. La historia política del país pienso que evaluará correctamente al doctor Zedillo como digno representante de la última camada de priistas que triunfaron en su ascenso a la primera magistratura del país. ¿Fui más o menos mexicano que la

---

22 Véase nota 5.

mayoría que votó por no cambiar las estructuras y patrones dictados por el villano favorito?

En las dos posteriores elecciones presidenciales fui parte de la mayoría ganadora al votar por el candidato triunfador pero en las dos que subsiguientes no. Insisto, ¿la identidad nacional, entendida aquí bajo su acepción personal, fue trastocada por mi elección de candidatos? No lo creo.

Resultó folclórico acudir a reuniones después de sortear el colorido de las tiendas de campaña apostadas, entre julio y septiembre del año 2006, a lo largo de Paseo de la Reforma cuyos moradores se empecinaron —y empecinan ahora desde Palacio Nacional— en gritar ¡fraude electoral![23] ¿Fueron más mexicanos que yo? ¿Asimilaron de mejor manera la identidad nacional —real o imaginaria, criolla o autóctona— que yo que no me instalé meses enteros en el antiguo Paseo de la Emperatriz?

Al final de cuentas, ¿qué sé yo de México y de su identidad? Producto de una transculturación congénita desde que un húngaro berlinés cruzó el océano Atlántico para conocer los vestigios de la grandiosa cultura maya —y de paso casarse con una yucateca, ¡bendito mestizaje![24]— y, más recientemente, cuando, después de que sabiamente decidieran que el mundo agringado que les esperaba a sus hijos iba a dificultarles su paso sin que tuvieran un dominio pleno y natural del inglés, emprendimos una migración de cinco años a la región *anglosajona* de San Antonio, Texas.[25] México, como bien dicen, se lleva en la sangre y la parte tapial de mi apelativo me salvó de una auténtica rechifla cuando regresé a México con todo y acento al hablar la lengua original de nuestros padres.

---

[23] Por cierto, ese grito se dio antes del grito de la independencia y del desfile militar del 16 de septiembre de 2006. El miedo, como bien dicen, no anda en burro cuando de tradiciones militares se trata.

[24] Para aquellos interesados —con el objetivo oculto de refrendar mi mexicanidad se proporciona una breve historia de este encuentro en el segundo tomo del libro *A Través de las Centurias* de José María Valdés Acosta, Talleres Pluma y Lápiz, Mérida, Yucatán, México, 1926, p. 395.

[25] Gracias a Dios las computadoras personales todavía no eran de uso tan cotidiano si no seguramente nos habrían enviado a campos veraniegos patrocinados por Microsoft con todo y un Bill Gates joven —y en shorts *a la camp commander*.

La identidad nacional, en este sentido, es personal y cada individuo debe hacerse una idea sobre lo que significa la mexicanidad.[26] Creo que el común denominador es la unidad cultural y lingüística, más allá de los tres tradicionales elementos de cualquier estado.

Población, territorio y gobierno son componentes externos que reflejan una idea más profunda y viva: la nación, en este caso mexicana, es anterior al estado mexicano —actual o pasado— y a su estructura jurídica. Las relaciones interestatales suponen la existencia de sujetos de derechos internacional público, que no siempre son estados, para su correcto funcionamiento; sin embargo, por ejemplo, el hecho de que Belice sea reconocida como tal desde 1981 y ya no como Honduras Británica, no puede decirse que la nación beliceña en sí no existía antes de su emancipación —a medias— del Reino Unido.

De esta manera, al extrapolar la experiencia de nuestros vecinos limítrofes sureños podemos dilucidar cuatro premisas.

La primera, que la identidad nacional, si bien puede pasar por la independencia de otra nación o estado en su esfera interna, no depende de la independencia.

En segundo plano, la identidad nacional la componen factores propios de la sociología, la geografía y la lingüística. Igualmente, la presencia de ciudadanos coterráneos que reconozcan las mismas autoridades auto-impuestas y que hablen el mismo idioma resulta esencial aunque no indispensable.

Como tercera premisa, la identidad debe ser común a un grupo más o menos definido a lo largo y ancho del territorio compartido; es decir, el hecho de que en México haya muchas naciones, reconocidas constitucionalmente en nuestro artículo segundo, no significa que existan muchas identidades nacionales.[27]

---

26 En la tercera parte de este ensayo se abundará sobre el componente colectivo del concepto de identidad nacional.

27 Cfr. Artículo 2º de la Constitución Política de los Estados Unidos Mexicanos, Editorial Themis, primera edición, México, 2007, p. 1. El precepto señala que la nación mexicana es única e indivisible pero enseguida señala la composición pluricultural sustentada originalmente en sus pueblos indígenas; es decir, aquellos que descienden de poblaciones que habitaban en el territorio actual del país al iniciarse la colonización y que conservan sus propias instituciones so-

En cuanto a la cuarta premisa, la identidad nacional rebasa el plano teórico puesto que la realidad de un país enfrenta y desdibuja constantemente las concepciones que preocuparon a generaciones de escritores durante el siglo pasado.

Nuestra identidad, por tanto, no es el exclusivo resultado del trágico encuentro de dos mundos acaecido hace algunos ayeres.[28] Esta concepción, hecha popular a partir de que apareció *El Laberinto de la Soledad* de Paz, allá por el año 1950 y difundida mayormente a partir de una edición más completa hecha aproximadamente nueve años después[29] no aborda la riqueza mexicana producto de encuentros más felices que el original. Las segundas partes o intervenciones —y revoluciones— en nuestro querido país no siempre han sido malas.

México mas que tragedia es comedia y vemos cómo nuestra identidad, desde la independencia, formalmente hablando, hasta el estado complejo que alberga en nuestro días a miles de leyes, burocracias y a millones de ciudadanos se regocija de vez en vez cuando busca de manera consciente trascender, ¿porqué no?, en el género de la novela histórica.

---

ciales, económicas, culturales y políticas, o parte de ellas. Al finalizar el artículo, que fue reformado en la época en que Vicente Fox —vaya paradoja— era presidente del país, señala que existen, además de pueblos indígenas, comunidades equiparables a éstos. ¿Cuáles? De ser así, hay entonces tres clases de mexicanos y, por consiguiente, identidades: la indígena original, los mexicanos que somos productos de la colonización y los equiparables o similares. Ya no entendimos. ¿Quiso decir el constituyente permanente, a su manera y a modo de retórica legislativa, que como México no hay dos? En este punto, cabe rescatar lo dicho por el periodista Joaquín López Dóriga en su columna del 4 de agosto de 2009, "México, ¿una percepción fallida?", publicada por el periódico Milenio en la página de internet http://impreso.milenio.com/node/8618694: "[…] Y no es que como México no haya dos, es que sólo tenemos uno y entre todos lo tenemos que arreglar, porque el tiempo corre en nuestra contra y a favor del iluminismo político […]".

28 Cfr. Klaus Meyer-Minnemann señala de manera interesante un "eterno retorno de lo siempre igual" en donde la llegada de Cortés significó una especie de transmisión de poderes que había sido precedida por la conquista del Valle de Anáhuac por los aztecas cuyos pobladores eran los chichimecas. De esta forma, los conquistadores subsecuentes, ya dentro del México independiente han seguido este curso cíclico que le ha impreso un sello distintivo a la identidad nacional; véase Georgina García-Gutiérrez (compiladora), *op. cit.* p. 129.

29 Fondo de Cultura Económica, México, 1959 y 1985, respectivamente.

Parte de la comedia mexicana es precisamente resultado de la cercanía, geográfica mas no psíquica, con Estados Unidos. Vemos como, en el campo de la literatura, desde *La Muerte de Artemio Cruz* y *Gringo Viejo* de Fuentes,[30] por citar ejemplos posrevolucionarios medianamente contemporáneos y con la gestación, promulgación y entrada en vigor del Tratado de Libre Comercio de América del Norte, hoy Tratado entre México, Estados Unidos y Canadá, en el campo de la política, el tema de la cercanía o distancia ha sido objeto de constantes discusiones y revisiones.

Celebro que México empezó hace veinticinco años a explotar de manera franca su cercanía en el plano económico y, aunque una zona irrestricta de libre comercio no es ni ha sido la panacea para la región, por lo menos nos ha permitido enfrentar al mundo actual del siglo veintiuno, con marcada hegemonía europea, de una manera más o menos coherente; es decir, con producción regional equiparable a la generada por países miembros de la Unión Europea —embrión de los Estados Unidos de Europa— y también aquellas pertenecientes a los diversos bloques comerciales asiáticos.[31]

---

30 "[...] Tú te sentirás satisfecho de imponerte a ellos (los estadounidenses); confiésalo: te impusiste para que te admitieran como su par: pocas veces te has sentido más feliz, porque desde que empezaste a ser lo que eres [...] desde entonces clavaste la mirada allá arriba, en el norte, y desde entonces has vivido con nostalgia del error geográfico que no te permitió ser en todo parte de ellos [...]" en Georgina García-Gutiérrez, *op. cit.* p. 115.

31 Por ejemplo, el Acuerdo de Asociación Económica, firmado por los gobiernos de México y Japón el 17 de septiembre de 2004, en vigor a partir de enero de 2005, constituye un logro importante en comercio internacional en virtud de que fue el primer acuerdo comercial celebrado entre países que no forman parte del mismo bloque comercial regional ni de la misma zona de libre comercio. Para mayor abundamiento, se detalla que el mundo se encuentra comercialmente integrado por varias zonas de libre comercio regionales que han otorgado acceso preferente a sus mercados nacionales mediante concesiones recíprocas. Los principales acuerdos regionales de libre comercio o uniones aduaneras son: el Tratado de Libre Comercio de América del Norte, hoy Tratado entre México, Estados Unidos y Canadá (sin incluir la iniciativa para el Libre Comercio en las Américas (ALCA)); la Unión Europea que adoptó en junio de 2004 su Acta Constitutiva; Mercosur, que comprende Argentina, Brasil, Paraguay y Uruguay; el Tratado de Libre Comercio de la ANSEA del cual forman parte Indonesia, Malasia, Filipinas, Singapur (el cual también es parte de

Para hablar de integración se requiere analizar primero el concepto de unidad. La unidad nacional es parte indispensable en la ecuación de todo esfuerzo serio, en contrapunto al presente ensayo, por tratar de dilucidar y comprender al país que a doscientos diez años de distancia ha agraciado las páginas de la historia como aquella nación más recordada por su glorioso pasado que su incierto presente, mas por sus pirámides —de diversa forma, geografía, uso y disposición— y sus traiciones que por sus modernos rascacielos y lealtades. México lamentablemente se ha tomado muy en serio el viejo adagio político: que hablen sobre ti, aunque hablen mal, pero que hablen.

No nos debe interesar ser mediocres o, a la Juárez ¿o López?, vivir solamente en la honrada medianía que proporciona un sueldo burocrático, sino que nos debe interesar trascender. Debemos aspirar a cumplir nuestras metas y sueños porque en la medida de su realización la nación, que a la postre es la suma de sus habitantes, será igualmente más feliz y plena. ¡Qué país de desdichados, ingratos e infelices debemos ser si miramos nuestra lastimosa realidad! ¿México para los mexicanos? Habrá que anteponernos, no tanto porque la esencia de la identidad nacional nos lo exige sino porque reconocemos nuestras limitaciones y la necesidad de que Dios ayude y guíe a la impuntual empresa mexicana.

Inexplicablemente siguen vigentes, por lo menos en México y muy probablemente en el resto del continente —no obstante la actual era de la información y acortamiento de distancias e ignorancias—, las palabras de don Alfonso Reyes:[32] "[...] Llegada tarde al banquete de la civilización europea, América vive saltando etapas, apresurando el paso y corriendo de una forma en otra, sin haber dado tiempo a que madure del todo la forma precedente [...]";[33] sin embargo, no todo está perdido puesto que el país y más precisamente la identidad

---

un Acuerdo Bilateral de Asociación Económica con Japón), Tailandia, Brunei, Vietnam, Laos, Myanmar y Cambodia.

32 Discurso pronunciado con motivo de la VII Conversación del Instituto Internacional de Cooperación Intelectual desarrollado del 11 al 16 de septiembre de 1936 en Buenos Aires, Argentina.

33 *Obras Completas de Alfonso Reyes*, Tomo XI (Última Tule, notas sobre la inteligencia americana), Fondo de Cultura Económica, México, 1955, pp. 82-83.

nacional han dejado de ser objeto de estudio de laboratorio sino que ha asumido su papel como sujeto de su propia actuación histórica.

México a lo largo de doscientos años de existencia republicana e independiente, las más de las veces en papel y más recientemente en la práctica, ha demostrado que quiere seguir siendo invitado, y no de piedra, a los banquetes de la civilización. No necesariamente el que llega primero come mejor ni tampoco se la pasa mejor, cuenta las mejores anécdotas o los mejores chistes. En las más de las ocasiones el que llega tarde, con puntualidad mexicana para los puristas, hace de su arribo una entrada triunfal. No se sentará en la cabecera pero por lo menos no tendrá que pagar toda la cuenta.

Se reconoce y recuerda que México, en efecto, existe. No como actor de reparto sino como protagonista de su propio devenir. Debemos evitar, más allá de fobias privatizadores, que su patrimonio esencial no sea entonces entregado o vendido al mejor postor, al imperio más poderoso —o más cercano— ni a causas supuestamente populares que empobrezcan más el abatido, mas no derrotado, espíritu mexicano; por esto, ni México ni su identidad ni sus ciudadanos deben ser considerados como botín de reparto.

La identidad nacional es el resultado de siglos de gestación. Otros pueblos de la tierra reconocen a la mexicanidad como diferente y singular frente a su propia identidad. Es nuestra responsabilidad como ciudadanos pertenecientes a la nación mexicana nutrirla y heredarla a las generaciones futuras de mexicanos para que se deje de voltear al extranjero ya no digamos como un entorno de educación superior o de especialización sino una vivencia perenne más recomendable.

Autores anglosajones han sido más rápidos y sinceros en reconocer que México es el espacio del mito, de la ficción y el lugar de sueños que los propios mexicanos que nos ha tocado vivir en este bendito territorio.[34] Esta concepción, insisto, debe cambiar puesto que será el suelo que pisen mis hijos y los hijos de mis hijos y no quiero que su identidad sea motivo de vergüenza o ridiculización sino más bien de orgullo y admiración.

---

34 Cfr. Jonathan Tittler, *Gringo viejo / The Old Gringo: The Rest is fiction* en: *The Review of Contemporary Fiction*, 8, 2 (Verano de 1988), pp. 241-248.

Entrañable a nuestra identidad nacional resulta la conformación de nuestra mentalidad. En apoyo a lo anterior, conviene citar al filósofo italiano, naturalizado estadounidense, Patrick Romanell[35] quien ofreció un esquema de diferenciación entre las actitudes angloamericanas y las iberoamericanas. ¿Verdaderamente empleamos una filosofía del fracaso en lugar de una de éxito? ¿Acudimos presurosos a la cita que tenemos con nuestra propia muerte, como nación, como país? Lejos de pretender justificar o negar actitudes que han marcado a nuestra identidad, creo necesario explayar la incidencia de los factores conocidos de nuestra idiosincrasia.

La identidad nacional no puede aislarse, ni siquiera cuando es homenajeada por cumplir un significativo onomástico o bien se conmemore un siglo de guerra intestina, sino que debe reconocerse en la pluralidad social en la que surgió, se desarrolló, se convulsionó y actualmente se desenvuelve.

México si bien es producto de conocimientos fortuitos, interacciones diplomáticas y enfrentamientos bélicos también es el feliz resultado de un mestizaje fecundo y único entre lo español y lo azteca, entre el castellano y el náhuatl. Un matrimonio por conveniencia entre el naciente imperio español y el debilitado imperio azteca.[36] México y su identidad, son obra de la voluntad de los mexicanos, tanto primeros como postreros, y no producto del destino caprichoso o del devenir del tiempo, sea desde su óptica cíclica, como lo entendían los primeros pobladores mesoamericanos, o lineal, según el entendimiento occidental generalmente aceptado.[37]

---

35 *La formación de la mentalidad mexicana (1910-1950)*, El Colegio de México, México, 1954, Introducción.

36 En este contexto, nuestras culturas progenitoras son imperiales y, por tanto, el anhelo de don Agustín de Iturbide y subsecuente coronación como Agustín I en 1822 no estaba tan extraviado en su congruencia histórica. Quizás por esto, don Maximiliano de Habsburgo, cuando ocupaba el trono del segundo imperio mexicano y no contaba con descendencia, adoptó precisamente al nieto del primer emperador del México *independiente*, Agustín de Iturbide y Green, de nacionalidad estadounidense, para que le sucediera en el trono. Cosas de casas imperiales.

37 Con la notable excepción del filósofo napolitano del siglo XVIII, Juan Bautista Vico, que sostuvo un esquema cíclico en la historia común de las naciones.

Esta dicotomía fundamental entre lo español y lo indio[38] define nuestra historia virreinal, nuestro proceso de independencia y, en menor grado, la revolución hoy centenaria. Hay, en efecto, una fusión pero también hay una cultura vencedora y una cultura vencida. Los valores de ésta quedaron supeditados, para bien o para mal a los valores de aquella, por lo que en esta evidente realidad reside nuestra identidad inicial como nación[39] y nuestro fundamento como país separado pero relacionado con los demás de su clase y condición; es decir, como país miembro de la comunidad de naciones y sujeto propio de derecho internacional público.[40]

III. TERCERA PARTE

A casi doscientos diez años de existencia formal y separada de la metrópoli[41] y a ciento diez años de una complicada revolución social

---

38 Cfr. Gonzalo Celorio. *El Naranjo* o los círculos del tiempo de Carlos Fuentes; véase Georgina García-Gutiérrez (compiladora), *op. cit.* p. 295-296.

39 Resulta interesante como la cultura criolla se impuso tempranamente ante la mestiza debido, primero en los hechos y luego en los actos, del conquistador Hernán Cortés quien desheredó a su hijo mestizo Martín y prefirió a su hijo criollo, igualmente de nombre Martín. Bien podemos decir que esta predilección sirvió de semillero a los intentos de independencia que lograron su cometido tres siglos después en una curiosa alianza mestiza-criolla que logró cortar el yugo y olvido paternales.

40 No obstante que existen paralelismos en cuanto a la identidad nacional y la revolución mexicana y los niveles socioeconómicos de la población nacional, de manera crítica evitamos abordar este aspecto aun cuando resultaría fascinante explorar porqué la riqueza cultural de nuestros pobladores originales no se ha traducido en prosperidad efectiva. Evitaremos, pues, esta tentación.

41 Para confirmar esto, el texto del Acta de independencia (sic) del Imperio Mexicano pronunciada y firmada el 28 de septiembre de 1821 declaró "[...] solemnemente, por medio de la Junta Suprema del Imperio (sic), que es Nación Soberana, e independiente de la antigua España, con quien, en lo sucesivo, no mantendrá otra unión que la de una amistad estrecha [...]". Asimismo, el artículo segundo del Acta Constitutiva de la Federación Mexicana, sancionada el 31 de enero de 1824 señaló textualmente que: "La nación mexicana es libre é (sic) independiente para siempre de *España* y de cualquiera otra potencia, *y no es ni puede ser patrimonio de ninguna familia ni persona*". Nueve meses después, el 4 de octubre de 1824, la Constitución de los Estados Unidos Mexicanos, en su artículo primero estableció que: "La nación mexicana *es para siempre* libre é

el espinoso proceso de conformación y asimilación de la identidad mexicana se torna ya no sólo en una empresa individual sino que exige la participación de la colectividad. Se es mexicano, más allá de la ubicación del parto, por compartir líneas consanguíneas con otros mexicanos o porque voluntariamente, léase jurídicamente, se obtenga la nacionalidad mexicana.

Este proceso requiere el esfuerzo consciente y constante de toda persona que ha nacido o busque el cobijo de la patria o *matria*[42] para conocer y apropiarse de los valores culturales existentes antes del nacimiento de todo mexicano, accidental o voluntario y aquí reside el acierto del concepto de identidad nacional: su mutabilidad.

Todos podemos imprimir nuevos sesgos a la identidad nacional en la medida en que nos sintamos parte de la comunidad en la que nos desenvolvemos. La nación, por tanto, se levanta como un auténtico conglomerado de identidades individuales superpuestas sobre la base de una gran colectividad que obedece al principio incluyente de la mexicanidad.

El tiempo, por lo menos en México —fuera de un par de décadas perdidas— no ha pasado en vano. Nos hemos convertido en una cultura digna de imitarse y de exportarse aunque contradictoria, contrastante y hasta temible. En una evaluación final, México es lo que los mexicanos somos y lo que anida en nuestras actuaciones internas y en nuestras proyecciones, ahora más que nunca, en el escenario mundial. Sólo así es como lograremos preservar la riqueza de nuestro pasado al reiterar y recrear el carácter del espíritu mexicano en estos tiempos de homogeneidad peligrosa.

Gracias a que la vida en sociedad no permanece estática sino que se encuentra sujeta a un continuo proceso de cambio se puede establecer, a la luz de la experiencia mexicana, una identidad que perdu-

---

(sic) independiente del gobierno español y de cualquiera otra potencia." Con la eliminación de la parte final del texto del artículo segundo del Acta Constitutiva, ¿se dejó abierta la posibilidad para que el país pueda, en efecto, ser patrimonio de alguna familia o individuo? Énfasis nuestro. Fuente: http://www.mexicomaxico.org/ParisMex/acta.htm y *Código Fundamental de los Estados Unidos Mexicanos,* Imprenta de Torres, en el ex-convento del Espíritu Santo, México, 1847, pp. 7 y 30.

42 Cfr. Agustín Aragón León, *op. cit.*, p. 257 *in fine.*

re, por lo menos, otros doscientos años con exponentes mexicanos que sean más conocidos por su fortaleza, sus cualidades comunitarias, solidarias, de integridad y honorabilidad que por su vocación consuetudinariamente revolucionaria o, peor aun, individualista y su debilidad de carácter.

En suma, México cuenta con una identidad propia que a la vez se pulveriza y disemina en identidades colectivas regionales que le proporcionan una naturaleza disímbola pero integradora. Sin llegar a los extremos autonómicos y lingüísticos de nuestros anteriores amos ibéricos pienso que el país se encuentra lo suficientemente maduro como para seguir enarbolando la bandera federal, aquella producto de dos constituciones modeladas bajo el ejemplo estadounidense y otra, la vigente y centenaria, primera de corte social en el mundo entero y producto de una revolución institucionalizada, léase medianamente tergiversada pero siempre latente.

Este proceso debe seguir la ruta precisa que permite el ejercicio sano y pleno de las libertades públicas que se consagran principalmente en la parte dogmática de la Carta Magna.[43] Dicha práctica siempre será local en su ámbito de aplicación, aunque quizás en su clasificación jurisdiccional, añeja ficción jurídica, rebase el ámbito local para colocarse en un plano regional o nacional. Lo que importa es que México siga viviendo su identidad a través del estado de derecho que se ha dado a sí mismo y no trate de ejercer su identidad en planos netamente filosóficos o idealistas.[44]

De vuelta en el terreno fértil de la discusión[45] debemos precisar, después de exponer en tres secciones ligeramente estructuradas, que nuestro anhelo es vertebrar la identidad nacional como una realidad mexicana promisoria. Una que conlleve una patria más justa y reconciliada consigo misma. Una de un país más identificado, pleno y mas

---

43 Parte que comprende, según la aceptada división doctrinaria, los primeros veintinueve artículos de la constitución federal y que sirve de preámbulo a su parte orgánica.

44 Dicho estado de derecho es anterior a cualquier intento de paternidad por parte de los partidos en el gobierno o suspirando por llegar a él.

45 Que trato de dirigir y encauzar honestamente pero que a la postre resultará invariablemente arbitraria.

centrado en sus responsabilidades subsidiaras y solidarias para con sus integrantes.[46]

Aplaudimos que la identidad nacional no se agota en el artículo segundo constitucional ni tampoco su concepto rebasa la posibilidad de enmarcarla en forma manejable y digerible.

Podemos enunciar que a partir del suceso más importante en la historia interna de México, el concepto de identidad nacional masiva migró de las aldeas y pueblos hacia áreas citadinas. Curiosamente, la revolución que surgió bajo el reclamo del reparto agrario, entre otros males porfiristas, germinó en un gran éxodo urbano que prosiguió su carrera con la incipiente industrialización de las décadas posteriores. Sin atrevernos a decir que los campesinos automáticamente engrosaron las filas aburguesadas, primero afrancesadas y luego agringadas, de la clase media posrevolucionaria, por lo menos nutrieron el ideal de que el éxito en México se lograba mayormente en las ciudades. ¿Será cierta todavía esta premisa?

La colectividad, al igual que nuestro desempeño olímpico o mundial en disciplinas en equipo, salvo la honrosa excepción de la selección de fútbol en los juegos olímpicos de Londres en 2012, es un concepto algo ajeno a nuestra psique y harto difícil de explicar y asimilar. No obstante que la vida en las ciudades, colectividades por antonomasia, exige vida comunitaria y la práctica de principios solidarios la realidad del mexicano transita mayormente en su individualidad. Sobra decir que nuestros triunfos individuales no son reclamos puesto que la identidad nacional que hoy heredamos estará siempre sujeta a mutaciones, esperemos, positivas.

---

[46] Recordemos que el texto vigente del artículo primero constitucional extiende sus derechos fundamentales a toda persona, inclusive esclavo, que se encuentre en territorio nacional. Curiosamente, no obstante la existencia del Decreto Constitucional para la Libertad de la América Mexicana de 1814, conocida comúnmente como la Constitución de Apatzingán, que recogió los llamados "Sentimientos de la Nación" escritos por don Jose María Morelos en 1813, fue hasta 1857 cuando se proscribió de manera oficial la esclavitud. El texto del artículo segundo de dicha constitución fue incorporado, con pequeñas variantes, por el constituyente de 1917 también al texto original del artículo segundo que desde el año 2011 forma parte del artículo primero.

El país ha gozado de casi cien años ininterrumpidos de paz, cada vez más amenazada por la inseguridad regional, con profundidades diferentes y de estabilidad social con compromisos distintos. Los diez años que duró el proceso revolucionario, auténtico fuego purificador, marcaron un rompimiento frente al pasado y, aunque no logró resolver todos los rezagos históricos, si cimbró la conciencia nacional de manera tal que el México que surgió de la sangre y pólvora revolucionaria fue uno reconciliado consigo mismo.

El péndulo de paz y estabilidad, en ocasiones cargado a la derecha y otras hacia la izquierda del universo político, ha dado muestras recientes de regresar, esperemos, hacia el centro.

La identidad nacional, por supuesto, rebasa el quehacer político y las figuras públicas del momento —a Dios gracias— porque ella anida en cada uno de los que integramos el estado mexicano. Nuevamente la colectividad se impone a las definiciones académicas pero éstas sirven para explicar a aquella.

Todo intento serio por tratar el tema de la identidad nacional pasará, entonces, por un entendimiento sobre los valores que identifican a la colectividad, en este caso mexicano, diferentes de aquellos comunes a otros pueblos. Aun y cuando el idioma español es común a la gran mayoría de los países de Latinoamérica que igualmente conmemoraron recientemente dos siglos de separación formal de España, no podemos extrapolar la experiencia mexicana y exigir que todas las naciones al sur del río bravo reconozcan como figuras indirectas de su independencia a los mismos próceres que los nuestros[47] ni conmemorar nuestros triunfos ni fracasos simplemente por tener en común la conquista española.

---

47 Hacemos notar que en la Columna de Independencia ubicada sobre Paseo de la Reforma en la Ciudad de México existe reconocimiento expreso de notables extranjeros que ayudaron a México consumar su soberanía frente a España. Los restos de Francisco Javier Mina, paradójicamente español, se encuentran al pie de dicha columna y una de las cinco estatuas exteriores de personajes de la independencia le pertenece. Fray Melchor de Talamantes, peruano, tiene su nombre grabado en la columna misma. También, al pie de ésta se encuentra, en su parte interior, oculta a la luz pública, la estatua de un controvertido y arrojado irlandés del siglo XVII, Guillén de Lampart o William Lamport, precursor de nuestra independencia. Vemos que México noblemente ha reconocido la contribución extranjera en la consolidación de su identidad nacional.

De igual forma en que el territorio enmarca el poder jurisdiccional de un estado y su influencia legislativa, son sus habitantes los que imprimen vida a la integración societaria y dan propósito a la legislación aprobada.

Ser mexicano en el mundo interdependiente requiere de valentía y convicción, pero más de amor y, sobre todo, conocimiento; por ello, mis hijos serán mexicanos y estarán orgullosos de ello.

Por nuestra cercanía con Dios y alejamiento de la rigurosidad estadounidense; por nuestro rico y glorioso pasado, por nuestro presente feliz y lleno de promesa y, desde luego, por nuestro futuro esperanzador aunque afortunadamente incierto, es que gritamos: ¡viva la identidad mexicana!

tirant
PRIME
Inteligencia jurídica
en expansión
Trabajamos para
mejorar el día a día
del operador jurídico

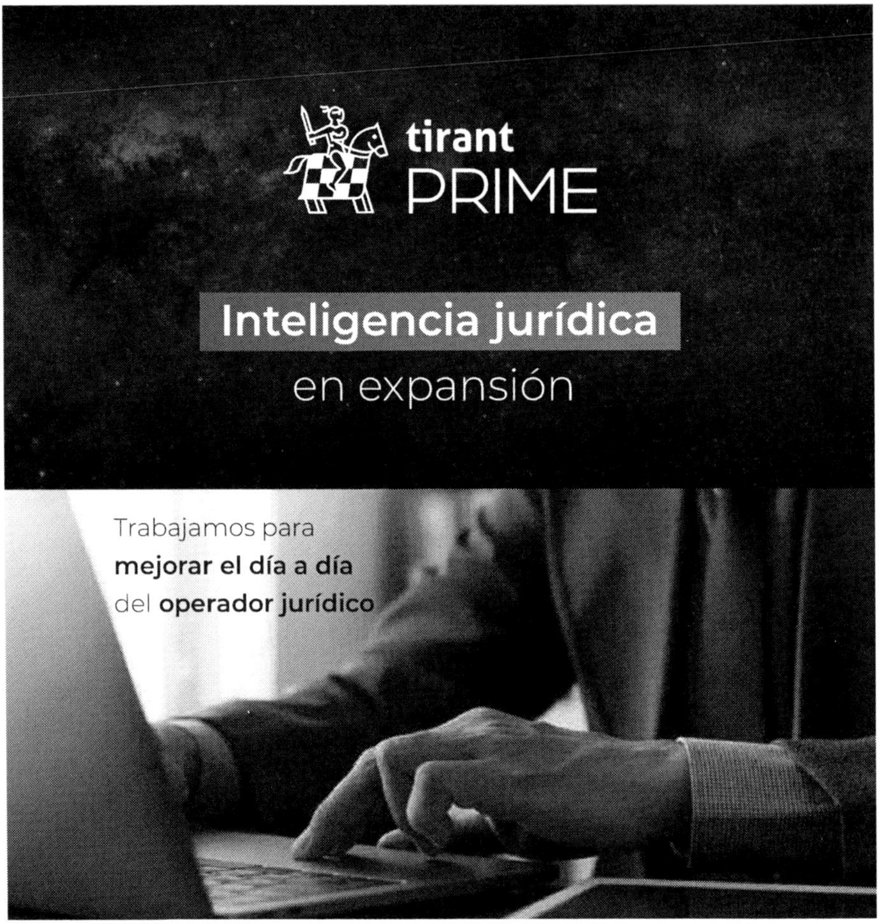